むさしの ベストウォーク 〈40コース〉

花と 水辺と 歴史散歩

JN075165

重信秀年

東京新聞

はじめに

自分の世界を広げる武蔵野散歩

　首都圏の住民で、散歩やウオーキングを日課にしている人は、多いことだろう。週に数回は歩くという人は、さらに多いはず。自宅の近くのお気に入りの場所を繰り返し歩くのは、よい習慣だと思う。健康や体力の維持に役立つだけでなく、咲いている花、鳥の声、風景などに季節の移り変わりを感じて、心が豊かになる。

　でも、「ときには少し遠出して、武蔵野をあちこち歩いてみませんか」というのが、本書の趣旨だ。

　遠出をすれば、いつも見ているものとは違う種類の花が咲き、名前の知らない川が流れ、歴史を感じさせる寺や神社がある。歩けば歩くほど、初めて見る景色が現れる。大げさに言えば、未知の世界が広がり、胸がわくわくする。そして、

好奇心が芽生え、「もっとあちこち歩いてみよう」と思うようになることだろう。この本は、そういう散策にあなたをいざなうガイドブック。

　武蔵野は東京都と埼玉県にまたがっている。昔の人はその広さを「四方八百里に余れる武蔵野」(『太平記』)と表現した。江戸時代の人は、それは筆のすさびというもので、「およそ東西十三里、南北十里あまり」(『江戸名所図会』)としている。しかし、武蔵野の広さを誇張した気持ちはよく分かる。空気の澄んだ日、高尾山の上などから眺めると、東の地平線に都庁やスカイツリーがかすかに見えて、実際、武蔵野の広大さに驚く。

　大昔の武蔵野は、すすきの茂る茫漠とした原野だったようだ。早春に枯れ草を焼く「野焼き」や、蜃気楼か陽炎の一種なのだろう「逃げ水」が、中世の和歌に

武蔵野の風物として詠まれている。

　現代の武蔵野は、住宅地がほとんどで、その隙間に雑木林の緑地や緑道が残り、芝生の広場や花壇や池のある公園が点在している。

　私たちが抱く、「武蔵野の自然は雑木林」というイメージは、明治の作家、国木田独歩の名作『武蔵野』の影響を受けている。当時、20代の青年だった独歩は、渋谷の住まいを拠点に武蔵野をあちこち歩き、落葉林にロシア文学の自然描写に通じる美や詩趣を発見した。それは、それまで日本人が持っていなかった新しい感性であり、美的価値観だった。作中に転記した日記には「午後林を訪ふ。林の奥に座して四顧し、傾聴し、睇視し、黙想す」とある。独歩は「武蔵野を縦横に通じてゐる路は、どれを撰で行つても自分を失望ささない」「武蔵野に散歩する人は、道に迷ふことを苦にしてはならない」とも言っている。武蔵野を歩く独歩の心構えや態度を私たちも見習いたい。

　散歩している間は、誰にもじゃまをされない自分だけの時間だ。のんびり歩き、景色を眺め、葉ずれの音や野鳥の声に耳を傾け、日の光や風を体で感じよう。そうした時間こそが、人が充実して生きているということではないだろうか。武蔵野を愛し歩き、武蔵野を歩き愛す。そういう人生を送っている人は、素晴らしい。まずは40コースを概観し、好みや趣味に応じて、どこかに歩きに出かけてほしい。そして、「こんなに素敵な場所があったんだ」と喜んでいただけたなら、これほどうれしいことはない。

2024年3月
重信　秀年

むさしの
ベストウオーク40コース
花と水辺と歴史散歩

目次

東京都多摩 武蔵野エリア

埼玉県 武蔵野エリア

武蔵野あれこれ

エリア・マップ

凡例
● 東京都区部
　武蔵野エリア

● 東京都多摩
　武蔵野エリア

● 埼玉県
　武蔵野エリア

本書の使い方

この本は、東京都と埼玉県の武蔵野エリアから、季節の花、景色、緑、水辺、歴史などを楽しみながら快適に散歩・ウオーキングができる 40 コースを紹介している。出かけやすいよう歩行タイムは 3 時間未満とした。ただし、休憩や見物の時間は含んでないため、時間には余裕を持つことをすすめる。番号順に歩く必要はなく、興味を持ったコースに出かけよう。

番号

武蔵野は広いため 3 区分し、01 〜 10 の 10 コースは東京都区部、11 〜 30 の 20 コースは多摩地域、31 〜 40 の 10 コースは埼玉県から選んで掲載した。

コース名

散歩、ウオーキングを楽しむ場所。

（24）

湖畔の眺望とハナショウブの名所

多摩湖と北山公園

北山公園の菖蒲苑は木道・休憩所が整備されていて、気軽に花を楽しむことができる

狭山丘陵は、武蔵野に浮かぶ「緑の島」によくたとえられる。多摩湖のダムに立つと、湖の果てに山々が連なり、どこか遠くの観光地を旅している気分になる。北山公園は、梅雨入り直前のハナショウブが咲くころに訪ねたい。

ハナショウブの品種は極めて多彩。自分の好みの花を探してみよう

92

水道水を守る湖畔の森

狭山丘陵の多摩湖と狭山湖は、多摩川の水を引き込んだ貯水池。多摩湖は村山貯水池、狭山湖は山口貯水池の愛称だ。ためた水は、東村山市境の浄水場に送られ、都民の水道水になる。

多摩湖のダムの上からは、遠く奥多摩の山々が見える。円錐に円屋根を載せた取水塔が、風景にエキゾチックな雰囲気を添えている。桜咲く春、青葉茂る夏、小春日和の晩秋、遠くの山々が白くなる冬。いつ訪れても絶景だ。

北山公園の散策は、何といっても「菖蒲まつり」がおこなわれるころがいい。それも花の色が一段と鮮やかによく輝く晴れた日がよいのだが、ハナショウブの花期は入梅のころで、出かけるタイミングが難しい。朝起きて青空だったら、よほど大事な用事がなければ、思い切って出かけよう。花を前にして後悔することは、きっとないだろう。

ダム見物も初夏の花見も帽子は必携

多摩湖から北山公園に向かうコースだが、ハナショウブの花期は東村山駅から

北山公園に直行した方がよい。花は朝の日の光で眺める方が、みずみずしい。それ以外の季節は多摩湖の眺望を満喫してから先に進もう。

武蔵大和駅から狭山公園の南門へ。登山をするように森の道を上っていくと、ダム南側の取水塔の前に出る。絶景だが、ダムの上は日差しをさえぎる物がないので帽子を忘れないこと。

ダムの上を対岸まで歩いたら、西武園駅を目指して下る。同駅からは下宅部遺跡はっけんの森を経て、八国山たいけんの里へ。館内には縄文時代の下宅部遺跡の出土品が展示されている。

たいけんの里を出たら北山公園へ。北に横たわる八国山の緑が美しい。帰りは、近くの正福寺に国宝の地蔵堂があるので、ぜひ立ち寄ろう。

左）絵はがきの風景のような多摩湖の取水塔　右）正福寺の地蔵堂は室町時代の禅宗建築

八国山たいけんの里は考古学ファンにおすすめ

コースで出会う風景

写真は出かける場所を見つける参考になるよう、各コースを代表する景観を選んだ。ただし、咲いている花や風景は、季節によって変わる。

もっと歩くなら

もっと歩きたい人向けにコースの近くにあり、歩いて行ける場所や施設を紹介している。時間や体力に余裕があれば、訪ねるとよい。武蔵野の自然、歴史、文化について詳しくなれる。

歩行タイム

スタートからゴールまでの歩行時間。歩く速さには個人差があり、あくまで目安。休憩、自然観察、施設の立ち寄りなどの時間は含んでいないため、それらを考慮し、時間の余裕を持って出かけよう。

交通アプローチ

行き帰りに利用できる鉄道・バスの案内。武蔵野は交通機関が発達しており、どこに出かけるのも割と便利。歩いていて疲れを感じたら、無理をせず、最寄りのバス停や駅から乗車して帰宅しよう。

参考タイム

スタートからゴールまでの間にある主な場所から場所まで歩くのに要する時間を記載した。あくまで目安だが、時間を過ぎても次の場所に着かない場合は、道を間違えているかもしれない。地図を見たり、地元の人にたずねたりして確認しよう。

立ち寄り施設

散歩・ウオーキングの途中に立ち寄ると、地域の自然、歴史、文化を学ぶことができる施設を紹介している。見学する余裕はなくても、散歩・ウオーキングの情報や地図を入手できることがあるため、寄ってみるとよい。

※開館時間や料金などの情報は、基本的に2024年2月に確認できたものです。

現地情報

行き方、季節の花の情報、イベントなどについてたずねることができる役所や観光案内所を掲載した。不安や疑問がある場合は、問い合わせてから出かけると安心。

各コースの地図

実線はスタートからゴールまでの道、点線は「もっと歩くなら」の道を示している。各コースの地域をよく知っている人は、これらの道にこだわらず、自由に歩いてかまわない。武蔵野の散歩・ウオーキングは、山歩きとは異なり、道に迷っても遭難する心配はない。ただし、交通事故には気を付けよう。

もっと歩くなら

八国山緑地から徳蔵寺の板碑保存館

八国山たいけんの里から北に踏切を渡ると、八国山緑地の入口がある。標高100メートルに満たない山だが、足を滑らせたりしないよう、山道も歩ける靴をはいて行こう。雑木林の間を尾根まで上り、東に向かうと「将軍塚」と刻んだ大きな石碑がある。新田義貞が鎌倉幕府軍と戦った久米川合戦のとき逗留した地と伝える。近くに「元弘青石塔婆所在址」と刻んだ碑もある。現在、麓の徳蔵寺の板碑保存館に展示されている「元弘の板碑（国の重要文化財）」が立っていた地だ。板碑は石製の卒塔婆で鎌倉時代から室町時代の関東地方に多い。徳蔵寺の保存館は中世の社会や文化に関心がある人におすすめ。この地域の歴史に興味がわいたら、東村山ふるさと歴史館にも寄ろう。

八国山緑地はハイカーに人気がある

‹ information ›

- 1時間50分
- 行き／西武多摩湖線「武蔵大和駅」
- 帰り／西武新宿・国分寺・西武園線「東村山駅」
- 武蔵大和駅（5分）狭山公園南門（15分）多摩湖の取水塔（45分）下宅部遺跡はっけんのもり（10分）
- 八国山たいけんの里（10分）北山公園菖蒲苑（10分）正福寺千体地蔵堂（15分）東村山駅
- 八国山たいけんの里
  開館時間9時30分〜17時／月・火曜（祝日の場合は翌平日）・年末年始／入場無料／東京都東村山市野口町3-48-1／TEL.042-390-2161
- 徳蔵寺 板碑保存館
  拝観時間9時〜17時／月曜無休／拝観料高校生以上200円、中学生以下100円／東京都東村山市諏訪町1-26-3／TEL.042-391-1603
- 東村山市役所
  TEL.042-393-5111

94 多摩湖と北山公園

200m

9

武蔵野の風物詩
花散歩

武蔵野には、神代植物公園と昭和記念公園という素晴らしい花園がある。野草の愛好家は、野川公園の自然観察園や浅間山公園を歩くといい。珍しい花を見たい人は、東京都薬用植物園に咲いているかもしれない。

昭和記念公園のチューリップ
青々とした芝とせせらぎと桜に緑取られた赤や黄色のチューリップの花の競演は、華麗な協奏曲のようだ。

1／江戸東京たてもの園の枝垂れ桜
三井八郎右衞門邸の庭に樹形の美しい枝垂れ桜がある。天から降り注ぐ花が空中でとまったかのようだ。

2／北山公園菖蒲苑
ハナショウブは種類が多く、花は大きく色も多彩。八国山緑地の麓の菖蒲苑は背景の緑も鮮やかで清々しい。

神代植物公園のつるブルームーン
「バラの名が何であろうと、甘い香りに変わりはない」は、
ジュリエットの名台詞。でも品種がわかるとうれしい。

3／野川公園、春の自然観察園
左）オドリコソウ　右）クリンソウ

4／東京都薬用植物園の温室
ムユウジュ（無憂樹）の花

水辺散歩

昔、武蔵野は、蜃気楼の一種「逃げ水」が名物になるほど、水の乏しい土地だったという。そのため、水を大切にして暮らすことが、人々の習慣になったのだろう。武蔵野では流れている水もたまる水も清らかだ。

お鷹の道・真姿の池湧水群
国分寺崖線には湧水が多い。ここは「名水百選」に選ばれたことで有名。遊歩道の名は、江戸時代の鷹狩りにちなむ。

野川のせせらぎ
武蔵野を流れる野川は、田舎のような川遊びができる稀有な川。この子たちは「水は清き故郷」を心の中に持つことだろう。

1／矢川のカルガモ

立川段丘のはけに湧き、国立市を流れる矢川。武蔵野の水辺で夏にカモを見かけたら、それはカルガモ。くちばしの先の黄色が目印。

2／人々の憩いの場、井の頭池

井の頭池は神田川の水源。三宝寺池、善福寺池とともに武蔵野三大湧水池だが、地下水を汲み上げて水を保つ。

3／狭山湖畔、五風十雨の碑

5日ごとの風、10日ごとの雨は農耕に都合がよく、世の中が安泰になるという。

田園調布駅の復元された旧駅舎
武蔵野に鉄道が延びると、都心に通勤する
人の住む街ができた。画期的な開発計画に
基づく街もあった。

武蔵野の風物詩

歴史散歩

武蔵野散歩の楽しさの一つは、あち
こちで歴史を伝える碑や昔の人の
生き方を想像させる遺跡に出合うこ
と。農村から首都郊外の住宅地に発
展した武蔵野では、街並みにも変遷
がある。好奇心を抱いて歩こう。

武蔵国分僧寺金堂跡
千年以上も昔、この場所を中心に東西
2キロ、南北1.5キロに及ぶ広い寺地
に壮大な伽藍の寺院があったという。

1／武蔵野のまいまいず井戸
府中市郷土の森博物館に復元されているカタツムリの殻のような形状の井戸は、羽村市や狭山市にもある。

2／分倍河原古戦場の碑
坂東武者が活躍した鎌倉・室町時代、武蔵野は戦場だった。幕府軍に勝った新田義貞軍は、一気に鎌倉に攻め入った。

3／狛江市のむいから民家園
武蔵野には古民家園があちこちにある。茅葺屋根の家に住んだ経験はないのに、なぜか懐かしさを覚える。

4／いもせんべい
川越の素朴な味わいの伝統菓子。

5／わら細工の赤駒
深大寺の門前で売っている民芸品。

照姫まつり
例年4月下旬、石神井公園で開催。
石神井城の照姫伝説にちなみ、姫
様、殿様、奥方様の行列がきらび
やかにおこなわれる。

武蔵野の風物詩

行事・祭り

散歩気分で出かけるなら、多摩川
いかだレースのように昼間に開催
される行事がおすすめ。夜にぎわ
う祭りでは、暗い足元にご用心。
人波にもまれ、疲れ果てても、翌
年また行きたくなるから祭りは不
思議だ。

狛江古代カップ多摩川いかだレース
ユニークなデザインのいかだも多く、漕ぐ
人も観客もみんな笑顔の楽しい大会。多摩
川の水のきれいさを実感。

田島ケ原の草焼き
日光を地面に届けてサクラソウの芽吹きを促すため、冬に枯草を焼く。昔の農民の野焼きの知恵を継承している。

川越まつりの山車行事
江戸の祭りの様式を伝える山車行列は、国の重要無形民俗文化財。ユネスコ無形文化遺産にも登録。

1／深大寺のだるま市
厄除元三大師大祭に合わせて開催されるだるま市は、武蔵野に春の到来を告げる。

2／東京高円寺阿波おどり
しなやかな女踊りに、力強い男踊り。カラフルな衣装の踊り手が、目の前を駆け抜けていく。

3／高幡不動尊の萬燈会
晩秋の夜、五重塔で法要が行われ、多くの参拝者がろうそくを供える。

4／大國魂神社のくらやみ祭
昔は街の明かりをすべて消して暗闇でおこなった。競馬式など多様な行事が、連日続く。8基の神輿の渡御は圧巻。

東京都区部

武蔵野エリア

春の蘆花恒春園

明治・大正の小説家、徳冨蘆花が田園生活を送り、随筆集『みみずのたはこと』を書いた地。春はタカトオコヒガンザクラの並木が美しい。満開の桜の木の下では、子どもでなくても駆けまわりたい気分になる。

6コース
「世田谷文学館と蘆花恒春園」

(01)

武蔵野台地の端に残る緑地

赤塚の古城跡と植物園

赤塚城跡。武蔵野には戦国時代の城跡が多く、
散策のテーマにするのもいい

板橋区赤塚の緑豊かな丘の上には東京大仏
や植物園や古城跡があり、丘の下には池を
囲む公園や郷土資料館がある。荒川沿いの
高島平は、江戸時代、西洋式銃砲の演習が
おこなわれたエポックメーキングな場所。
歴史探訪も楽しい。

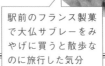

駅前のフランス製菓
で大仏サブレーをみ
やげに買うと散歩な
のに旅行した気分

「板橋十景」に選ばれた景勝地

赤塚は武蔵野台地の東の縁に位置している。ここより先は荒川沿いの低地で、団地が立ち並ぶ高島平になる。

台地の上には「東京大仏」と呼ばれて親しまれている阿弥陀如来像を安置した乗蓮寺や区立の赤塚植物園がある。乗蓮寺の北の青々と木々の茂った丘は、都立赤塚公園。上ると雑木林に囲まれた草原に本丸跡の碑が立っている。昔は荒川の対岸まで遠望が利いたのだろう。戦国時代、下総から移ってきた千葉氏の赤塚城跡だ。城跡の北のふもとは、板橋区立赤塚溜池公園。釣り人が集まる池や古民家を移築した郷土資料館、美術館がある。赤塚は散歩の目的地として見どころが盛りだくさん。人それぞれに楽しめる。

下赤塚駅からたどる道は繁華街や住宅街だが、東京大仏の周辺まで来ると緑が増え、まさに都会のオアシス。「東京大仏（乗蓮寺）」や「赤塚溜池公園周辺」として、板橋区の「板橋十景」

案内板が多く、初めて歩くときも安心

に選ばれるほど、景観に恵まれている。駅からの道には、東京大仏や赤塚植物園の方向と距離を示す案内標識があちこちに掲げられていて、迷う心配なく安心して歩けるのもうれしい。

赤塚中央通りから東京大仏通りへ

下赤塚駅北口からスタートして、「赤塚中央通り」を北に進もう。「松月院前」の交差点からは、道路名が「東京大仏通り」に変わる。

松月院は、千葉氏が開基した古刹。江戸後期、砲術家の高島秋帆が西洋から輸入した銃砲を使って徳丸ヶ原

左）駅前の商店街のアーチにも東京大仏の意匠　　右）松月院にある高島秋帆の功績をたたえた碑

赤塚植物園は広すぎず、歩き疲れなくていい

（現・高島平）で訓練をおこなった際、本陣になった。境内にはカノン砲に火炎宝珠の砲弾をあしらった独創的な碑があるので、歴史好きは立ち寄ろう。

東京大仏のある乗蓮寺は、江戸時代には中山道の板橋宿にあり、『江戸名所図会』に8代将軍・徳川吉宗が鷹狩りで休憩し、境内の相生杉の名をたずねたことが記されている。寺は昭和40年代、道路建設のため現在地に移り、東京大仏も移転後の造立だが、多くの人々に崇敬されている。山門を入ると正面に本堂、右手に露座の大仏がある。境内の「がまんの鬼」や「役小角」などユニークな造形の石像群は、江戸時代、津藩の藩主、藤堂家の駒込の下屋敷にあったものという。

乗蓮寺を出たら赤塚植物園へ。大き

な植物園ではないが、道や植栽の手入れが行き届き、散策して楽しい。

植物園を出たら、乗蓮寺の門前を再び通って、赤塚溜池公園へ。池のほとりから丘の上の赤塚城の本丸跡に上ってみよう。板橋の歴史や文化に触れるために、郷土資料館にも入ろう。

帰路は来た道を下赤塚駅まで戻る。

丘の草原に立つ赤塚城本丸跡の碑

赤塚田んぼをしのばせる水車公園

赤塚中央通りの「松月院」の交差点の南を前谷津（まえやつ）川緑道が横切っている。「水車公園 400m」の標識が東を指しているので、帰途、余裕のある人は行ってみよう。水車小屋のわきには、小さな水田がある。徳丸ヶ原は、高島平に改称する前の明治ころ「赤塚田んぼ」や「徳丸田んぼ」とも呼ばれた。昔は田園風景が広がっていたのだ。徳丸北野神社や赤塚諏訪神社では、今も旧正月に五穀豊穣を祈願して「田遊び」の神事（国の重要無形民俗文化財）をおこなう。年配者には懐かしい長編小説『次郎物語』の作者、下村湖人は赤塚の風景を愛した。作中で青年のための塾を建てる場所は「東京郊外で、東上線の下赤塚駅から徒歩10分内外の、赤松と櫟（くぬぎ）の森にかこまれた閑静なところ」になっている。

水車と水田の風景を再現した水車公園

〈 information 〉

1時間20分

行き／東武東上線「下赤塚駅」
帰り／東武東上線「下赤塚駅」

下赤塚駅（20分）松月院（10分）乗蓮寺・東京大仏（5分）板橋区立赤塚植物園（10分）赤塚溜池公園の池（5分）赤塚城本丸跡（30分）下赤塚駅

板橋区立郷土資料館
開館時間9時30分～17時／月曜（祝日の場合は翌日）・年末年始休／入館無料／東京都板橋区赤塚5-35-25／TEL.03-5998-0081

水車公園
開園時間9時～16時30分／年末年始休／入園無料／東京都板橋区四葉1-17-12

板橋区観光協会　TEL.03-3579-2255

02

練馬に高原の森の湖のような風景

石神井公園の三宝寺池

しゃくじい　　　　　　さんぼうじ

4月上旬、三宝池のほとりではメタセ
コイアと沼杉の芽吹きが始まっていた

池のほとりに立つと、水と緑と空しか見え
ない。林を風が吹き、鳥が羽ばたく。三宝
寺池は住宅街にある公園の池なのに、深い
森の湖に来た気分になる不思議な場所。太
田道灌に敗れた石神井城主の娘、照姫の伝
説も神秘的だ。

岸でボートを眺めて
いると乗りたくなる。
やりたいと思ったら、
やってみよう

水と緑が恋しくなったらここに

石神井公園は、石神井池と三宝寺池の二つの池からなる。「ボート池」とも呼ぶ石神井池は、駅前の商店街から近く、明るく開放的。一方、三宝寺池は周囲を木々の茂った丘に囲まれていて、高層ビルや住宅がまったく見えず、都会にいることを忘れさせる。池の岸にたたずんでいると、信州あたりの高原の湖畔に来たような気分になる。

三宝寺池には浮島があり、鳥の楽園になっている。カモ類、カワセミ、カイツブリ、バンが多く、夏はコウホネの黄色い花が咲く。人々は木道を散歩したり、鳥の写真を撮ったり、絵を描いたり、思い思いに楽しんでいる。ベンチに座って対岸の空に浮かぶ雲を眺めているだけでも心が満たされる。自然や静けさを好む人は、一度、行ってみよう。きっと、お気に入りの場所になることだろう。

城跡や古社寺も風情がある

石神井公園駅南口からパークロード商店街を通り、交差点を左折し、坂を下ると、石神井池のボート乗り場。岸

上）建物が見えない三宝池の風景は東京では貴重　下）2023年、照姫まつりの舞台演技「照姫伝説」のワンシーン（練馬区提供）

沿いの道を西に進み、中の島の橋で対岸に渡れば、野外ステージ。春には「照姫まつり」の演技がおこなわれる場所だ。三宝寺池の南には、室町時代、太田道灌と戦って敗れた武将・豊島泰経の城跡があり、地元には、落城の際、城主と娘が入水した話が伝わる。

井草通りを渡れば、三宝寺池。水辺観察園わきの茶屋、豊島屋のひなびた風情は郷愁を誘う。木道をたどると、水辺のメタセコイアの木立にベンチがあり、くつろいでいる人が多い。

三宝寺池を1周したら池の南の石神井城跡から氷川神社の社前に出て、三宝寺、道場寺などもめぐってみよう。

帰路は石神井公園駅に戻ってもよいし、上石神井駅に向かってもよい。

三宝寺池の南には神社や寺が集まっている

植物愛好家は牧野記念庭園に

三宝寺池から北西に住宅地を30分ほど歩くと、練馬区立牧野記念庭園がある。日本の植物学の草分け、牧野富太郎博士の住居跡だ。博士は、2023年、NHK連続テレビ小説『らんまん』の主人公のモデルになった。園内には博士に関する資料の展示室があり、書斎を再現。庭は四季折々に花が咲き、博

牧野富太郎博士の研究や暮らしぶりがわかる

士の言葉「花在ればこそ　吾れも在り」の碑が立つ。胸像を取り巻く植栽は、博士が妻の名から命名したスエコザサ。訪れている人たちが、みんなとおしそうに博士の遺品や愛した植物を静かに見ている姿が印象的だ。ここまで来たら大泉学園駅が近い。

<⟩ information ⟨⟩

 1時間40分

行き／西武池袋線「石神井公園駅」
帰り／西武新宿線「上石神井駅」

石神井公園駅（10分）石神井池ボート乗り場（10分）中の島（5分）井草通りの横断歩道（5分）三宝寺池（25分）池を1周して石神井城跡（5分）氷川神社（5分）三宝寺（5分）道場寺（10分）上御成橋（20分）上石神井駅

練馬区立石神井公園
ふるさと文化館
開館時間9時〜18時／月曜（祝日の場合は翌日）・年末年始休／常設展示無料／東京都練馬区石神井町5-12-16／TEL.03-3996-4060

練馬区立牧野記念庭園
開館時間9時〜17時／火曜（祝日の場合は翌平日）・年末年始休／入園無料／東京都練馬区東大泉6-34-4／TEL.03-6904-6403

 石神井観光案内所　TEL.03-5923-9220

03

池畔_{ちはん}の散策とボート遊びが楽しい
武蔵関公園の池と東伏見稲荷

富士見池の中ノ橋の上から緑に包まれた水面を眺めていると、心が落ち着く

練馬区と西東京市の境にある武蔵関公園。岸の緑を映す池にボートがのどかに浮かぶ。駅から近いが、駐車場がないためか、人が少なく閑静。武蔵野散歩の穴場だ。東伏見稲荷神社のお塚めぐりも、ほかでは得難い経験になる。

東伏見駅南口前の「ふしみだんご」は美味しいと評判の店

両岸の緑が迫る細長い富士見池

　武蔵関公園は、ひょうたんをのばしたような形の池を緑地が縁取っている。練馬区立の公園で、ボート乗り場がある。東京にボート遊びのできる公園は多いが、ここは料金が安く、気軽に楽しめるので散歩に来たついでに乗ってみよう。細長い池は大きな川の淵のようで、武蔵野では珍しい風景。漕ぎ進むほどに岸の景色が変わり愉快だ。

　この公園の池を「富士見池」と呼んでいるが、江戸時代の本『新編武蔵風土記稿』には、豊島郡関村の「溜井」、すなわち溜池として載る。池に沿う流れは石神井川。同書には、豊島氏が石神井城主だったとき、この地は「関を構へし所」ともある。

　東伏見稲荷神社は、昭和初期、京都の伏見稲荷大社から分霊を迎えてまつった。東伏見の地名は、それ以降のもの。昔は新座郡上保谷村といった。

　東伏見稲荷神社から武蔵関公園まで、石神井川沿いに遊歩道があり歩きやすい。考古学ファンは縄文時代の下野谷遺跡（国史跡）を見ておこう。

朱の鳥居が立ち並ぶ東伏見稲荷神社のお塚

東伏見稲荷のお塚めぐりもぜひ

　東伏見駅の南口を出たら、まずは東伏見稲荷神社に参拝しよう。線路に沿って西に進むと、鳥居が立っている。その参道を行くと、右手に社前の大きな鳥居と灯ろうが見えてくる。鳥居をくぐって石段の上の本殿に参ったら「お塚参拝道入口」から奥に進もう。朱の鳥居が林立するさまは壮観だ。

　神社からは石神井川に沿って東に進む。下野谷橋の手前で遺跡を見物したら川岸の遊歩道をさらにたどり、武蔵関公園へ。富士見池の岸を北に歩き、中ノ橋の上に立ってみよう。南北に長い池の眺めは遠近感と光の加減がよく、風景画を描くとよさそうだ。

　水と緑の景色を堪能したら公園の広場から西に向かい、東伏見駅に戻る。

左）下野谷遺跡には竪穴住居が復元されている　右）このあたりの石神井川沿いの遊歩道は快適

千川上水の関前橋や武蔵野中央公園

東伏見稲荷神社と武蔵関公園の南は、すぐに武蔵野市。東伏見稲荷神社の社前から伏見通りを南に10分ほど歩くと、千川上水の関前橋がある。千川上水は玉川上水の分水で、江戸の町の本郷、湯島、上野、浅草あたりまで水を送った。

関前橋からさらに5分ほど進むと、武蔵野中央公園の正面口。同公園は

関前橋のたもとには千川上水の案内図がある

12番のコースでも訪ねるが、太平洋戦争中、戦闘機のエンジンを製造する軍需工場があった。散歩していると、だんだん日本の歴史に詳しくなる。武蔵野中央公園は、西武新宿線とJR中央本線のほぼ中間にある。帰りは東伏見駅に戻ってもよいし、南に歩いて三鷹駅に出てもよい。疲れていたら無理をせず、正面口近くの「武蔵中央公園」バス停から駅行のバスに乗ろう。

〈 information 〉

 1時間10分

行き／西武新宿線「東伏見駅」
帰り／西武新宿線「東伏見駅」

東伏見駅（15分）東伏見稲荷神社（10分）下野谷遺跡公園（10分）富士見池（5分）中ノ橋（5分）ボート乗り場（20分）池の北をまわって中ノ橋（5分）東伏見駅

練馬区立武蔵関公園 ボート場
営業期間3月15日〜11月30日／営業時間9時30分〜16時30分／月曜（祝日の場合は翌日）休／1艘定員3名、高校生〜64歳のみ30分200円、小中学生・65〜74歳が同乗30分100円、未就学児・75歳以上が同乗無料

武蔵関公園 TEL.03-3904-7557（練馬区西部公園出張所）
東伏見稲荷神社 TEL.042-461-1125

04

東京を流れる川の水源を見に行く

善福寺公園の池と井草八幡宮

善福寺公園の上の池。岸の遊歩道は広
くて平坦でとても歩きやすい

善福寺池、三宝寺池、井の頭池は「武蔵野
三大湧水池」と呼ばれ、自然の湧き水で生
じた池。武蔵野の都市化が進んだ現在、ど
の池も地下水を汲み上げて維持している。
水と緑の風景が、これからも続くことを願っ
て訪ねよう。

例年、こどもの日が
近づくと、池の上の
空を鯉のぼりが泳ぐ

源頼朝が井戸を掘った伝説

　善福寺公園の善福寺池には、「上の
池」と「下の池」がある。上の池は武
蔵野台地から湧き出した水がたまって
できた。流れ出た水は善福寺川になり、
5コースの善福寺川緑地を流れたあと
神田川に合流し、隅田川に注ぐ。広々
として明るく、岸のベンチに座ってい
ると、水面を渡る風が心地いい。

　下の池は善福寺川をせき止めて造っ
た池だが、アシやスイレンが茂り、こ
ちらの方が自然にできた池のように思
えるほど。二つの池を結ぶ雑木林と水
路も武蔵野らしい景観だ。しかし、湧
水は減少し、現在は地下水を汲み上げ
ている。上の池のほとりの「遅の井の
滝」もポンプによる復元という。

下の池は草木が茂り、自然そのままのよう

　井草八幡宮は、源頼朝が鎌倉から奥
州の藤原氏を討ちに行く際、戦勝を祈
願したと伝えられる。頼朝の軍勢はこ
のあたりに宿陣し、水を必要として井
戸を掘ったがなかなか水は出なかった
ため、この地は遅の井や遅野井村と呼
ばれるようになったと伝える。

川底からも水が湧く善福寺川

　西荻窪駅から通りを北に歩き、善福
寺川の岸に出て、住宅と川の間の道を
上流に向かう。コンクリートの護岸は
味気ないが、自動車にわずらわされず
歩きやすい。川にはカモやサギが多く、
底から水が湧いている場所もある。

　美濃山橋のたもとから善福寺公園に
入れば、下の池。池のほとりを歩き、
雑木林を抜け、バス停のある通りを渡
れば、上の池。水辺で休みながら1周
しよう。景色のよい公園だ。

　帰りは、善福寺公園のバス停から荻
窪駅行のバスに乗ってもよいが、井草
八幡宮に参拝し、上井草駅まで杉並の
住宅地を歩いてみてはどうだろう。

上）善福寺川の岸を上流に向かって進む
下）豊かな緑に包まれた井草八幡宮の社殿

ちひろ美術館・東京で絵を鑑賞

生涯、子どもをテーマに描き、今も人気のある昭和の絵本画家、いわさきちひろの自宅兼アトリエの跡にある美術館。ちひろは、子どもや赤ん坊のあらゆる表情や動作を瞬時にとらえて描くことができた。彼女の絵はどれも生き生きとして、見る者を魅了する。描か

小さな美術館だが、繰り返し訪れる人が多い

れている子どもたちの顔は、常に明るく笑っているというわけではないのだが、作者の愛情が感じられ、詩情豊かで希望に満ちている。2コースの石神井公園の帰りに立ち寄るのもよい。また、西武新宿線の上井草駅で下車し、この美術館を訪れたあと、石神井公園や善福寺公園に足を延ばすのもいい。石神井や井草は、ちひろが20年以上暮らした地。街角で目にする景色をちひろも見たはずだ。

《 information 》

 1時間55分

行き／JR中央本線「西荻窪駅」
帰り／西武新宿線「上井草駅」

西荻窪駅（10分）駅通橋（25分）美濃山橋（15分）ボート乗り場（10分）遅の井の滝（15分）善福寺公園バス停（10分）井草八幡宮（30分）上井草駅

ちひろ美術館・東京
開館時間10時〜17時／月曜（祝日の場合は翌平日）・年末年始・冬期休／入館料大人1,200円、18歳・高校生以下無料／東京都練馬区下石神井4-7-2／TEL.03-3995-0612

善福寺公園サービスセンター
TEL.03-3396-0825

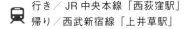

05

春は桜、初夏はオオタカが飛ぶ川辺
和田堀公園から善福寺川緑地

善福寺川緑地は桜の名所。咲き始めたばかり
で花の数は少ないが、青空に映えて美しい

春の善福寺川緑地は、花見客でにぎわう。
武蔵野に桜の花の名所は多いが、川辺の桜
並木は散歩しながら観賞するのに向いてい
る。混雑していない平日が、のんびりでき
ておすすめ。開花、満開、散り始め、それ
ぞれ風情がある。

オオタカなど野鳥を観
察する人たちもやって
くる

左）大宮八幡宮南参道の大きな鳥居　右）公園そばの武蔵野園は懐かしい雰囲気の店構え

善福寺川に沿って延々と続く緑

　善福寺公園の善福寺池から流れ出た善福寺川が、荻窪の街を過ぎて大きく蛇行するあたりに善福寺川緑地がある。上流の神通橋（じんつう）から白山前橋（はくさんまえ）までは善福寺川緑地、それより下流は武蔵野橋まで和田堀公園。合わせると４キロ以上の長さがある。そのうち和田堀池から天王橋（てんのう）まで歩いてみよう。春は桜の名所。高木も多く、東京近郊では珍しく、初夏にはオオタカが巣を作る。オオタカは「鳥の王」と呼ぶにふさわしい堂々とした猛禽（もうきん）で、古来、鷹狩りに用いられた。５月ごろ、運がよければ、緑地近くの鉄塔に止まっている姿を見ることができる。

　和田堀池の南に鎮座する大宮八幡宮

水面にかぶさるように木々が茂る和田堀池

は、平安時代の前九年の役で奥州に出陣した武将の源頼義（よりよし）がこの地を通った際、白旗のような雲が空にたなびいたため、八幡神（はちまんじん）の影向（ようごう）（神仏が現れること）として創建したと伝えられる。古社らしく境内には大樹が茂る。

尾崎橋（おさき）のたもとの桜は見事

　西永福駅前から井ノ頭通りに出たら「大宮八幡宮入口」の看板に従って方南通りを東に進み、南参道の鳥居から境内に入る。神門をくぐり、拝殿の前から北神門を出ると和田堀公園。善福寺川を渡り、和田堀池を眺め、善福寺川沿いの道を上流に向かう。

　白山前橋を過ぎると善福寺川緑地。成園橋（なりその）の左岸のヒマラヤスギの木立は、初夏にオオタカが巣を作ることがあり、愛鳥家が集まる。

　桜の木がひときわ多いのは、尾崎橋のあたり。橋の上から眺めると、花咲く枝が川面に張り出して美しい。

　桜の並木は上流へさらに続く。相生橋（あいおい）を過ぎ、天王橋まできたら地下鉄の南阿佐ケ谷駅が近い。名残惜しいが、善福寺川の岸を離れ、帰路につこう。

大田黒公園でくつろいで帰る

大正時代から昭和初期にかけて活躍した音楽評論家、大田黒元雄の屋敷跡を活用した杉並区立の公園。大田黒は、日本における西洋音楽評論の草分けで、『西洋音楽物語』『洋楽夜話』『ドビュッシイ』など数多くの著書がある。園内は西洋風の館と日本庭園からなり、記念館には大田黒が使っていたピアノが置かれている。

西洋音楽の評論家が遺した日本庭園

池のある庭にはモミジの木が多く、秋は紅葉が美しい。近くには、俳人、角川源義の旧邸宅を区が公開した角川庭園もある。

大田黒公園からの帰路は、南阿佐ケ谷駅に向かうよりも、JR 中央本線・総武線と東京メトロ丸ノ内線が乗り入れている荻窪駅の方が近い。

⟨ information ⟩

👟 1 時間 30 分

🚃 行き／京王井の頭線「西永福駅」
帰り／東京メトロ丸ノ内線「南阿佐ケ谷駅」

🕐 西永福駅（15 分）大宮八幡宮（10 分）和田堀池（15 分）ヒマラヤスギの木立（15 分）尾崎橋（15 分）天王橋（20 分）南阿佐ケ谷駅

🏠 **杉並区立郷土博物館**
開館時間 9 時〜 17 時／月曜・第 3 木曜（祝日の場合は翌平日）・年末年始休／入館 100 円、中学生以下無料／東京都杉並区大宮 1-20-8 ／ TEL.03-3317-0841

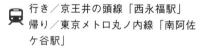

🏠 **大田黒公園**
開園時間 9 時〜 17 時（記念館は 16 時まで）／年末年始休／入館無料／杉並区荻窪 3- 33-12 ／ TEL.03-3398-5814

📍 **善福寺川緑地サービスセンター** TEL.03-3313-4247

06

ひと足早く、桜花爛漫の公園を散策
世田谷文学館と蘆花恒春園

蘆花恒春園の花の丘の花壇と桜並木。3月
半ばの天気のいい日に見に行ってみよう

蘆花恒春園は、明治・大正期に活躍した作
家、徳冨蘆花の家の跡にある都立公園。園
内にタカトオコヒガンザクラの並木があ
る。蘆花は「永久に若い」という意味を込
めて自宅に「恒春園」の雅号を付けたとい
う。花咲く春に訪れるのにふさわしい。

蘆花恒春園のタカトオ
コヒガンザクラ。ソメ
イヨシノよりも少し濃
いピンク色の花

コヒガンザクラの花見と文学散歩

　タカトオコヒガンザクラは、長野県伊那市の高遠城址公園に生育する桜で、蘆花恒春園の並木は現地から贈られたもの。ソメイヨシノよりも早く咲くため、東京で桜の開花発表が出るころ、蘆花恒春園の桜並木は満開を迎えている。花壇も色とりどりの花で埋め尽くされ、ここを訪れた人はいち早く花咲く春を満喫できて幸せそうだ。

　本園は、小説『不如帰』で知られる明治・大正期の作家、徳冨蘆花の旧宅。蘆花は文豪トルストイの『戦争と平和』を読んで感服し、明治39（1906）年夏、ロシアのヤスナヤ・ポリヤナ村の屋敷を訪ねて歓待される。「君は農業によつて生活するを得ざるや」と問うトルストイに、蘆花は「農業は最も好む所に候。今は尺寸の土も有たざれども行々は少なくても半農の生活をする心算に候」と答えたと旅行記に書いた。その言葉どおり、帰国した蘆花は南青山から農村だった千歳村粕谷に移り住む。蘆花のこの地での暮らしは、随筆

世田谷文学館。からくり人形の上演も楽しい

集『みみずのたはこと』に詳しい。

世田谷が農村だった時代をしのぶ

　芦花公園駅から千歳通りを南に歩く。大きなマンションが多く、街路樹の美しい通りだ。5分ほどで、世田谷文学館の前。世田谷区はゆかりのある近現代の文学者が多く、本好きの人は行きか帰りに入館するとよいだろう。

　通りをさらに行くと「芦花公園西」の交差点。五差路の中央には地蔵堂がある。東に向かう道を選んで進めば、蘆花恒春園の正門。入ると蘆花記念館があり、蘆花の旧宅が保存されている。どちらの建物も蘆花の思想や生涯だけでなく、当時の武蔵野の農民の生活も知ることができて興味深い。

　タカトオコヒガンザクラの並木まで、美景を楽しみに園路を歩こう。

左）5月、新緑が清々しい蘆花恒春園の雑木林　右）徳冨蘆花の旧宅。母屋や書院が残っている

祖師ヶ谷大蔵駅前のウルトラマン商店街

祖師ヶ谷大蔵駅前に立つウルトラマンの像

健脚向きだが、粕谷村地蔵尊の堂から千歳通りを南に約20分進むと「塚戸十字路」の交差点がある。千歳通りは左に折れ、正面の道は祖師谷通りで、入口のアーチを見上げると、ウルトラマンが空を飛んでいる。祖師谷通りをさらに約20分歩くと、小田急線の祖師ヶ谷大蔵駅で駅前にウルトラマンの像がある。同駅周辺の三つの商店街は「ウルトラマン商店街」として一緒にまちづくりを図っている。庶民的な店が多く、散歩帰りの買い物に便利だ。ウルトラマンを見て育った世代は、カネゴンやセブンの像も探して歩こう。

⟨ information ⟩

 1時間

 行き／京王線「芦花公園駅」
帰り／京王線「芦花公園駅」

🕐 芦花公園駅（5分）世田谷文学館（10分）粕谷村地蔵尊（5分）蘆花恒春園の正門（3分）徳冨蘆花旧宅（7分）タカトオコヒガンザクラの並木（30分）芦花公園駅

🏛 蘆花恒春園の蘆花記念館・徳冨蘆花旧宅
開館時間9時〜16時／年末年始休／入館無料／世田谷区粕谷1-20-1／TEL.03-3302-5016

🏛 世田谷文学館
開館時間10時〜18時／月曜（祝日の場合は翌日）・年末年始休／コレクション展一般200円 高校・大学生150円 小・中学生、65歳以上100円／東京都世田谷区南烏山1-10-10／TEL.03-5374-9111

📍 蘆花恒春園サービスセンター TEL.03-3302-5016

07

閑静な住宅街を通り、緑の岸辺を散歩
成城の街と野川緑道

野川の東岸を上流に歩く。神明橋を渡ったら
西岸のきたみふれあい広場や野川緑道を散歩

郊外の美しい住宅街の駅で下車し、閑静な
通りを歩き、緑あふれる小さな川の岸辺を
逍遥する。それから高台の公園の木陰のベ
ンチに座って、駅前で買ってきたおいしい
パンを食べる。ただそれだけで、満ち足り
た一日になる。

駅前の成城パンでアイ
ス型のチョコバルーン
を買って、きたみふれ
あい広場で食べる休日

神明橋から野川の下流の眺め

心はずむ散歩道が多い野川の流域

　野川は、国分寺市の恋ヶ窪に始まり、武蔵野を潤し、世田谷区の二子玉川付近で多摩川に注ぐ。川沿いに緑地や公園が多く、名前のように野辺の小川のような懐かしい風景をそこここで見せてくれる。世田谷区の成城、喜多見付近もその一つ。駅からほど近い岸辺の道は緑が美しく、心がいやされる。

　最寄り駅の成城学園前駅の周辺は、高級住宅地として有名。世田谷の街の歴史は、成城学園とともに始まる。大正14年、成城学園が牛込（新宿区）から移転してくる前は、数軒の農家とわずかな畑のほかは雑木林が広がっていたという。同学園は、学校の建設にとどまらず周辺の住宅地とインフラを

整備し、学園都市の造成を目指した。その結果、整然と区画された緑の多い街が生まれた。美しい街並みは住民の愛着によって、今も保たれている。

成城の邸宅を二つ見学

　成城学園前駅から成城通りを北に歩き、「成城学園前駅入口」の交差点で左に曲がる。成城の街には文化財として保存され、公開されている邸宅があるので見学して行こう。成城5丁目の猪股庭園（旧猪股邸）は日本庭園に数寄屋造り、成城みつ池緑地の旧山田邸は洋風建築と対照的だ。両方訪ねて見比べるとよいだろう。

　旧山田邸の南の坂を下り、喜多見不動堂の前を通って小田急線の高架をくぐると、野川に架かる上野田橋。橋は渡らず、上流の神明橋まで東岸を歩こう。野川の上に空が大きく開け、散歩して心はずむ道だ。

　神明橋を渡ると、西岸には野川緑道が延びている。階段を上がった高台は、きたみふれあい広場。緑道も広場も気持ちのよい場所。帰りは、成城学園前駅に戻るよりも喜多見駅が近い。

左）猪股庭園の前。成城は真っすぐな道が多い　右）みつ池緑地に接して立つ旧山田邸

次大夫堀公園民家園に行ってみる

上野田橋から野川の岸を下流に20分ほど行くと、世田谷区立の次大夫堀公園に民家園がある。次大夫堀は、江戸時代初期、幕府の代官、小泉次大夫の指揮により開削された六郷用水の別名。同用水は、多摩川の水を和泉村（現狛江市）で引き込み、現在の世田谷区から大田区にかけて数多くの村々を潤した。園内には世田谷区が、区内より移築復元した名主や農家の家屋が立ち並ぶ。鍛冶、木挽き、藍染めなど、昔の農村の仕事が民家園ボランティアによって実演されていることもある。民家園からは喜多見大橋で野川を渡り、成城学園前駅まで徒歩約20分。

農村だったころの世田谷の風景を再現

〈 information 〉

👟 1時間

🚃 行き／小田急線「成城学園前駅」
帰り／小田急線「喜多見駅」

🕐 成城学園前駅（10分）猪股庭園（10分）旧山田家住宅（5分）喜多見不動堂（15分）神明橋（5分）きたみふれあい広場（15分）喜多見駅

🏠 猪股庭園・旧山田邸
開場時間9時30分〜16時30分／月曜（祝日の場合は翌平日）・年末年始休／入場無料／猪股庭園は東京都世田谷区成城5-12-19、旧山田邸は同区成城4-20-25／TEL.03-3789-6111

🏠 世田谷区立次大夫堀公園民家園
開園時間9時30分〜16時30分／月曜（祝日の場合は翌平日）・年末年始（元日は10時〜15時30分開園）休／入園無料／東京都世田谷区喜多見5-27-14／TEL.03-3417-8492

📍 世田谷区役所　TEL.03-5432-1111
世田谷トラストまちづくりビジターセンター　TEL.03-3789-6111

08

世田谷の渓谷と古墳と美術館をめぐる
等々力渓谷から上野毛

等々力不動尊の展望台に立つと渓谷をおおう木々
の上に出る。緑の雲の上にいるようだ

世田谷区の等々力渓谷は奇岩もなければ、
流れる水も澄み切ってはいない。だが、緑
は濃く、木もれ日は水にきらめき、散歩を
楽しむには十分だ。周辺は古墳があるほど
歴史の古い土地。上野毛の五島美術館の庭
園の散策も素敵。

野毛大塚古墳は墳丘に
上がることができる。
ぜひ上がってみよう

左）ゴルフ橋たもとの渓谷入口の階段を下りる　右）等々力渓谷の遊歩道。川面に木もれ日が映る

滝の音から名づけられた渓谷

　等々力渓谷は「23区唯一の渓谷」と呼ばれるが、奥多摩の渓谷のような清流を期待していくと落胆する。世田谷区内に発した谷沢川が武蔵野台地を侵食した溝のような谷で、長さ約1キロメートルと短く、幅も狭い。しかし、山がちな日本で台地の渓谷は珍しい。入口のゴルフ橋から眼下をのぞくと、薄暗い谷は未知の場所に続く秘密の通路のようにも思えて、わくわくする。下流には、不動の瀧がある。等々力という地名は滝の音が「とどろいて」いたことに由来するという。

　野毛大塚古墳は5世紀にさかのぼる帆立貝形の大きな古墳。江戸時代の地誌に下野毛村の「東大塚」として載り、村民がときに「うづ巻のかたある土器など」を掘り出したと記されている。塚の上から品川沖の海が見える「絶景の地」とたたえている。

住宅街に隠された緑の谷間

　等々力駅からゴルフ橋のたもとの渓谷入口は近い。変わった橋の名は、昭和初期、大塚古墳の周囲がゴルフ場だったころの名残だ。

　階段を下りて、川岸の遊歩道を下流に進む。木々の茂る薄暗い谷底を歩いていると、両岸の上には住宅街が広がっていることを忘れる。

　不動の瀧まで来たら岸を上がって等々力不動尊に参拝しよう。境内の展望台に立って眺めると、緑の谷の上に空が広がり、開放的な気分になる。

　再び渓谷に下り、矢川橋まで歩いたら、野毛大塚古墳を見学。古墳からは善養寺を目指し、門前を流れる丸子川に沿って西に進み、上野毛自然公園を経て、上野毛駅に向かう。途中、五島美術館に寄り道して、庭を散策するといい。春、国宝『源氏物語絵巻』を展示しているときは、特におすすめだ。

善養寺の巨大な石像群は好奇心をそそる

二子玉川公園で眺望を楽しむ

多摩川の河川敷に面した広い公園。眺望広場からの川の眺めが素晴らしい。よく晴れて空気の澄んだ日は、丹沢の山々や富士山も見える。いこいの広場はシロツメクサの咲く丘の草地にベンチやテーブルがあり、ピクニックに向いている。帰路は上野毛駅よりも二子玉川駅の方が便利。

二子玉川公園のいこいの広場

二子玉川は昔も今も多摩川を渡る交通の要地。江戸時代には大山詣での人でにぎわったため、「大山道」ともいう矢倉沢往還が通り、対岸まで渡し舟「二子の渡し」があった。二子玉川の周辺は、昔から景色のよさで知られていた。明治・大正の作家で紀行文の名手、田山花袋は、二子の旅館で酒を飲むのを好んだ。「そこの二階が好い。家を取巻いた欅の古樹が好い。はるばると河原を見渡した形が好い」と書いている。

⟨ information ⟩

 1時間30分

🚃 行き／東急大井町線「等々力駅」
帰り／東急大井町線「上野毛駅」

🕐 等々力駅（5分）等々力渓谷入口（15分）等々力不動尊（5分）矢川橋（15分）野毛大塚古墳（10分）善養寺（25分）上野毛自然公園（10分）五島美術館（5分）上野毛駅

🏛 **五島美術館**
開館時間10時～17時
／月曜（祝日の場合は
翌平日）・展示替期間・
年末年始など休／入館一般1,100円、
高校・大学生800円、中学生以下無
料／東京都世田谷区上野毛3-9-25
／TEL.050-5541-8600（ハローダ
イヤル）

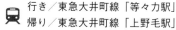

ℹ️ **玉川公園管理事務所**　TEL.03-3704-4972

09

都市生活と田園風景の調和した街を歩く
多摩川台公園の古墳と田園調布

多摩川台公園の見晴台から多摩川の上流を
望む。霞む川の景色に春を感じる

多摩川台公園は、田園調布の街の南にある。
多摩川に臨む高台で眺めがよい。昔の人も
その景色を好んだのか、古墳群がある。田
園調布駅の旧駅舎は、マンサード屋根の建
物。噴水のわきにバラが咲き、西洋の童話
に出てくる館のようだ。

西洋風の屋根が特徴的
な旧駅舎は、今も田園
調布の街のシンボル

左）浄水場の跡地を利用した多摩川台公園の花壇　右）どこからでも駅に行きやすい田園調布の街

古代の古墳と近代の田園都市

多摩川台公園は多摩川の眺めがとてもいい。川が少しＳ字にカーブしている位置にあるため、ゆったりと流れる風景が広がってのどかだ。

多摩川流域のこのあたりは、弥生時代のあとの古墳時代に栄えていたようで、古墳が多い。多摩川台公園には、4世紀に造られた亀甲山古墳（国史跡）、宝萊山古墳（都指定史跡）という二つの大きな前方後円墳がある。園内には石室を再現した古墳展示室もあり、考古学の好きな人は必見。

公園散策のあとは、高級住宅街として有名な田園調布を散歩しよう。多摩川台公園からの道は下り坂になり、歩くのが楽だ。田園調布の街並みは、大正時代、西洋の街を参考にして造成された。現在でも評価の高いエベネザー・ハワードの著作『明日の田園都市』などの影響が見られるという。街並みや都市計画に興味がある人は、散歩するだけで学ぶことが多いことだろう。

多摩川台公園の見晴台でのんびり

多摩川駅の西口を出て高架下まで行くと、西側に多摩川台公園入口の階段が見える。階段、坂道のどちらを上がっても浄水場跡にできた美しい花壇の庭園と水生植物園に着く。園路を進み、亀甲山古墳の裾を行く。古墳展示室も一度は見学しておこう。

多摩川に臨む見晴台まで来たらベンチで休憩。天気がよければ、富士山や丹沢の山々も見えるはず。

小さな丘が連なる古墳群を過ぎて、虹橋を渡ると、宝萊山古墳。園路で古墳を越えて、多摩川台公園を出たら坂を下り、宝来公園へ。田園調布の街の西半分は、駅を中心にして放射状に道が広がり、その一筋が宝来公園の北側まで延びている。ゆるやかな坂道を下って行けば、田園調布駅に着く。

古墳展示室には古墳の石室を実物大で再現

多摩川浅間神社に参拝

多摩川駅の南の小山に浅間神社が鎮座している。富士山の神を信仰する浅間神社のため、参道は溶岩でかためられ、一見すると富士塚のように思えるが、この山も古墳で、その上に社殿を建立している。鎌倉時代、源頼朝の妻、政子がこの地から富士山を拝んだことが、この神社の始まりと伝える。浅間造りの社殿も荘厳

浅間神社から武蔵小杉の高層ビル群を見る

だが、この神社のよさは、何といっても眺望。見晴台に立つと、眼下を多摩川が流れ、上流から下流まで 180 度のパノラマが広がる。神社のすぐ上流の鉄道橋を行き交う電車は東急線。下流に見える二連アーチの美しい道路橋は、平塚市まで通じている中原街道の丸子橋。その向こうに東海道新幹線の橋梁も見える。このあたりは昔から多摩川を渡る要地だった。古代・中世から昭和初期に丸子橋ができるまで、渡し舟「丸子の渡し」が、人や物を運んだ。大正のころは、川遊びを楽しむ人々も集まりにぎわったという。

⟨ information ⟩

 1 時間 15 分

🚃 行き／東急東横・目黒線「多摩川駅」
帰り／東急東横・目黒線「田園調布駅」

🕐 多摩川駅（10 分）多摩川台公園の水生植物園（10 分）古墳展示室（10 分）見晴台（20 分）宝萊山古墳（10 分）宝来公園（15 分）田園調布駅

🏛 **多摩川台公園古墳展示室**
開館時間 9 時～16 時 30 分／月曜（祝日の場合は開室）・年末年始休／入室無料／東京都大田区田園調布 1-63-1 ／ TEL.03-3721-1951

ℹ **多摩川台公園管理事務所**
TEL.03-3721-1951

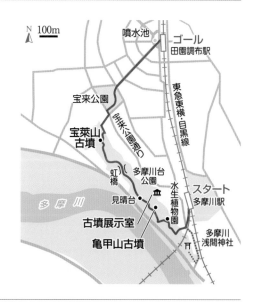

10

緑と歴史と伝説が彩る憩いの水辺
洗足池公園と長原商店街
せんぞくいけ

欄干の柱に擬宝珠を付けた三連太鼓橋の池
月橋。橋上から洗足池を一望できる

名馬池月が描かれた
千束八幡神社の絵馬

洗足池は、武蔵野台地の端にできた大きな
池。昔は野中に広がる神秘的な池だったの
だろう、源頼朝がこの池の岸で名馬「池月」
を得たという伝説がある。長原商店街は小
さな店が軒を並べ、こぢんまりして懐かし
い感じがする。
よりとも
いけづき

武蔵野台地の水を集めた池

　洗足池公園は武蔵野台地の東南に位置し、周囲は坂道の多い住宅街。公園北側の小川が池にそそいでいるが、都市化する前は沢がたくさんあった。昔の本は千束池（せんぞく）と書き、「所々の谷合（たにあい）より流れ出る所の清水落入（おちいり）て湛（たた）へたる」と説明している。あふれ出た水は「千束流れ」と呼ばれ、田畑を潤した。

　この池は、江戸時代から景勝地で、歌川広重が『江戸名所百景』に大きな松が生えた池の風景を描いている。老松は「袈裟（けさ）掛けの松」といい、日蓮（にちれん）聖人がこの地で休んだとき、衣をかけたことに由来するとのこと。そして、洗足池の名は、聖人が足を洗ったことに由来するともいう。

　西岸にある馬の像は、名馬「池月」。源頼朝がここで宿陣したとき、一頭の馬が現れた。頼朝は連れ帰り、池月と名付ける。池月の名馬ぶりは『平家物語』に描かれている。頼朝は宇治川の戦に際し、池月を佐々木高綱（たかつな）に与え、こちらも名馬の磨墨（するすみ）を梶原景季（かげすえ）に与える。高綱と景季は先陣を争い、池月に

テラスも気持ちいい洗足池公園の休憩所

乗った高綱が、一番乗りを果たした。

池月橋からの景色に心が晴れ晴れ

　大岡山駅前から住宅街を南東に歩き、洗足池公園の桜山を目指す。緑の美しい桜山を越えると、洗足池の弁財天の前。岸の遊歩道を西に進み、テラスのある休憩所で一休み。先に進めば、池月の像と千束八幡神社（せんぞくはちまん）があり、池月橋。橋上からの眺めは素晴らしい。

　橋を渡り、南岸まで行く。ボートハウスの屋上に上がると、広々とした洗足池の全景を一望できる。

　中原街道（なかはら）を渡り、洗足池駅から帰ってもよいが、もう少し歩こう。東岸の勝海舟（かつかいしゅう）記念館は、建物の外観も素敵だ。池のほとりを離れて、東に進むと長原駅。駅前の商店街のだんご店や惣菜店で、おいしいものを買って帰ろう。

左）勝海舟記念館は西洋風のモダンな建物　右）「ぱすてる長原」の愛称を持つ長原商店街

小池公園を散策

洗足池公園の南東にある公園。小池は「大池」の洗足池に対しての呼び名。住宅地に囲まれた溜池だが、1周する親水デッキが整備されていて歩きやすい。岸の一部に杭とロープで囲った「水遊びゾーン」が設けられ、子どもたちが池に入って遊んでいる。池の中を歩く子どもの姿を見るのは、都会

池で水遊びができる小池公園の親水ゾーン

では今どき珍しい。遊具を置いた広場もあり、学校が休みの日には、子どもたちの歓声が響く。住民に親しまれている水辺にたたずんでいるのは心地よい。洗足池と小池の二つの池は、近くにありながら、一方は大きくて華やかな印象、もう一方はこぢんまりとして落ち着いた雰囲気と、対照の妙を見せ、心ひかれるものがある。東急池上線の洗足池駅で下車して、その日の気分で、どちらの池を散策するか、選ぶのもよいかもしれない。

⟨ information ⟩

 1 時間 10 分

🚃 行き／東急目黒・大井町線「大岡山駅」
帰り／東急池上線「長原駅」

🕐 大岡山駅（20 分）洗足池公園の桜山（10 分）休憩所（5 分）池月橋（10 分）ボートハウス（10 分）勝海舟記念館（15 分）長原駅

🏛 **大田区立勝海舟記念館**
開館時間 10 時～ 18 時／月曜（祝日の場合は翌日）・年末年始休／入館一般 300 円、小中学生 100 円、65 歳以上 240 円／東京都大田区南千束 2-3-1 ／ TEL.03-6425-7608

📍 **大田観光協会**　TEL.03-3734-0202

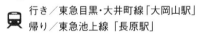

東京都多摩

武蔵野エリア

武蔵野の森公園の広場

調布飛行場に隣接する広い芝生の公園。滑走路を一望できる丘に上って、青空に飛び立っていくプロペラ機を眺めよう。野川公園の自然観察園にも足を延ばしてみようかな。今は、どんな花が咲いているのだろうか。

11

この池に来ると、青春の夢を思い出す

風の散歩道を歩いて井の頭公園

春、桜咲く井の頭池。花盛りの池を岸から
眺め、ボートから眺めて過ごす幸せな一日

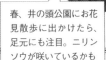

にぎやかな吉祥寺の街に隣接する井の頭
公園には、いつも若々しいイメージがあ
る。三鷹駅前から「風の散歩道」を歩い
て訪れ、池のほとりで休んだら、吉祥寺
駅から帰ろう。電車に乗る前に商店街を
そぞろ歩くのも面白い。

春、井の頭公園にお花
見散歩に出かけたら、
足元にも注目。ニリン
ソウが咲いているかも

七井橋の名は池の七つの泉から

　井の頭公園は、週末になると人であふれる人気の行楽地だが、1970年代から80年代に東京で青春時代を送り、あのころの吉祥寺の街へのあこがれや、この公園の活気を知る人には、懐かしい場所ではないだろうか。久しぶりに訪れると、当時と風景があまり変わっていないことに驚く。今もこの公園には、若者の姿がよく似合う。

　井の頭公園の井の頭池は、湧き水でできた池で、西岸にある「お茶の水」の泉は、その名残。泉は七つあったため「七井の池」の別名を持つ。池からあふれた水は神田川になって都心まで流れてゆき、隅田川に合流する。

　七井の呼び名は池を渡る橋の名に残っている。七井橋の上から池を眺めると、ボートがたくさん浮かんでいる。水際に桜の木が多く、花見シーズンの岸辺は大混雑。春に訪れたら、多少待ってもボートに乗って池から花を眺めるといい。満開のころは絶景。散り際には花びらが水面を埋め尽くし、

朱塗りの建物が鮮やかな井の頭弁財天

三鷹駅から「風の散歩道」で井の頭公園へ

オールをひとこぎするごとに花筏になって流れていく様子は、風情がある。

　時間があれば、井の頭自然文化園に入ってみよう。小さな動物園のよさか、生き物と人との距離が近くて楽しい。芸術が好きな人には、北村西望の彫刻館もある。水生物園で、鳥なのに水中を泳ぐカイツブリも見ていて飽きない。

　井の頭公園の散策だけなら吉祥寺駅が便利だが、三鷹駅前から玉川上水沿いに公園まで「風の散歩道」が延びているので歩いて行こう。初夏にはヤマボウシやアジサイが咲く道だ。

水門橋のたもとにある神田川源流の碑

風の散歩道は人気作家ゆかりの道

　三鷹駅南口の三鷹橋のたもとから「風の散歩道」を歩き出す。見過ごしてしまいがちだが、南側の歩道に「玉鹿石」と記した津軽産の石がある。愛読者の多い小説家、太宰治は、このあたりで玉川上水に入水したという。

　煙突の目立つ洋館は『路傍の石』や『真実一路』を書いた作家、山本有三の記念館。庭から眺めるとより美しい。

　玉川上水の萬助橋で「風の散歩道」は終わり、井の頭公園に入る。林の道を抜け、井の頭池の岸に出ると、弁財天の堂がある。緑豊かな井の頭池のまわりを歩くのは気持ちがいい。弁天橋を渡ったり、自然文化園の水生物園に入ったり、気ままに散策しよう。

　井の頭池の南岸を東にどんどん歩いて行くと、水門橋のところで池の水は神田川になって流れ出ている。

　水門橋を渡り、池の北岸を西に向かって歩くと、やがて七井橋のたもとに出る。橋上に立って、井の頭池の風景を胸にしまったら、また来ることにして、吉祥寺駅に向かおう。

左）山本有三記念館の南側の庭は、誰でも入ることができる公園なので、ぜひ立ち寄っていこう
右）吉祥寺駅北口には井の頭自然文化園に長年いたゾウ「はな子」の像がある

神田川に沿って下る

健脚の人なら井の頭公園の水門橋のたもとの源流の碑から神田川の岸沿いに京王井の頭線の三鷹台駅や久我山駅、さらには富士見ヶ丘駅、高井戸駅まで歩くこともできる。「そんなには頑張れない」という人も井の頭公園駅の裏手の夕やけ橋まで行ってみるといい。三角広場といって、こ

橋の下でモエビをすくって遊ぶ子どもたち

こも井の頭公園なのだが、行楽地のイメージがある井の頭池とは雰囲気が異なり、近くに住む人たちから親しまれているエリア。週末には、手にすくい網を持って川の中で遊んでいる親子が多い。

⟨ information ⟩

 1 時間 20 分

🚃 行き／ JR 中央本線「三鷹駅」
帰り／ JR 中央本線「吉祥寺駅」

🕐 三鷹駅（15 分）山本有三記念館（20 分）井の頭弁財天（20 分）水門橋・神田川起点（15 分）七井橋（10 分）吉祥寺駅

🏛 **三鷹市山本有三記念館**
開館時間 9 時 30 分〜 17 時／月曜（祝日の場合は翌日と翌々日）・年末年始休／入館 300 円／東京都三鷹市下連雀 2-12-27 ／ TEL.0422-42-6233

🏛 **井の頭自然文化園**
開園時間 9 時 30 分〜 17 時／月曜（祝日の場合は翌日）・年末年始休／入園一般 400 円、中学生 150 円、65 歳以上 200 円、小学生以下と都内在住・在学の中学生無料／武蔵野市御殿山 1-17-6 ／ TEL.0422-46-1100

📍 **みたか観光案内所**
TEL.0422-40-5525

（12）

軍需工場だったとは思えない平和な風景
廃線跡の遊歩道で武蔵野中央公園

並木と花壇の美しい武蔵野中央公園だが、戦
争中は戦闘機のエンジンの製造工場があった

広い原っぱが印象的な都立武蔵野中央公
園。子どもたちが駆け、大人が散歩する
光景は平和そのものだが、戦時中、ここ
には巨大な軍需工場があった。武蔵野と
戦争の関わりに思いをめぐらせ、廃線跡
の遊歩道を公園まで歩く。

人々の憩いの場が、か
つては空襲に備える高
射砲の陣地だったこと
に驚かされる

左）公園に中島飛行機武蔵製作所の説明版がある　右）武蔵野中央公園の原っぱ広場とNTTの建物

戦闘機のエンジンを製造した工場

武蔵野市の北部にある武蔵野中央公園は、原っぱ広場とスポーツ広場からなる。穏やかで平和な風景だ。

三鷹駅北口から玉川上水沿いを西に行くと、「グリーンパーク遊歩道」と呼ぶ緑道が公園まで続いている。地元の人や武蔵野の近現代史に関心がある人でもなければ知らないことだが、その緑道は鉄道の廃線跡だ。

武蔵野中央公園の場所には、昭和の終戦まで、「隼」や「零戦」といった戦闘機のエンジンを製造する巨大な軍需工場、中島飛行機武蔵製作所があった。製作所の敷地は現在の公園よりも広大で、隣接しているNTTの研究開発センタや武蔵野市役所も含まれていた。製作所には、武蔵境駅から物資を運ぶための引き込み線があった。その一部が、現在のグリーンパーク遊歩道になっている。

途中には高射砲陣地の跡地も

三鷹駅北口から玉川上水沿いを西に歩くと、いちょう橋交差点の手前に「ぎんなん橋」がある。渡るとき足元を見ると、引き込み線だったことをしのぶレールが埋め込まれている。

橋を渡ると、グリーンパーク遊歩道が始まる。井の頭通りを過ぎれば、遊歩道は住宅地の静かな道になり、武蔵野中央公園まで続く。途中にある健康遊具を設置した緑地は、戦時中、空襲に備えた高射砲の陣地だった。

武蔵野中央公園の南口に着いたら、東側の円形広場に行ってみよう。工場と空襲の歴史が5枚も立っている説明板に詳しく書かれている。

公園からは、いちょう橋の交差点まで戻る。武蔵製作所の引き込み線は、三鷹駅ではなく、武蔵境駅から引かれていた。廃線跡に興味がわいたら、帰りは武蔵境駅まで歩いてみよう。

玉川上水のぎんなん橋では足元を見よう

東伏見駅まで歩く

武蔵野中央公園まで来たら、実のところ帰りは、ＪＲ中央本線の三鷹駅や武蔵境駅よりも、西武新宿線の東伏見駅まで歩く方が近い。武蔵野は、鉄道各社の路線が、池袋、新宿、渋谷などの街から西に延びているため、南北に散歩・ウオーキングすれば、

石神井川の弥生橋付近の護岸はなだらか

このコースや２コース「石神井公園の三宝寺池」のように違う路線の駅に出ることができる地域が割とある。

武蔵野中央公園から東伏見駅までの道は、３コース「武蔵関公園の池と東伏見稲荷」の「もっと歩くなら」を逆にたどることになる。武蔵関公園の富士見池まで寄り道しなくても、石神井川の下野谷橋や弥生橋あたりの川岸の緑も十分に美しい。護岸を石垣やなだらかな草地で整備して、水辺で遊べるようになっている場所もある。駅前にはおいしいだんご店もある。東伏見駅まで歩いてみよう。

information

 2時間

🚃 行き／ＪＲ中央本線「三鷹駅」
帰り／ＪＲ中央本線「武蔵境駅」

🕐 三鷹駅（20分）ぎんなん橋（15分）関前高射砲陣地跡（20分）武蔵野中央公園南口（5分）中島飛行機武蔵製作所跡の説明板（40分）いちょう橋交差点（20分）武蔵境駅

📍 **武蔵野市観光機構**
TEL.0422-23-5900

(13)

飛行機を眺める丘、野の花咲く川辺

武蔵野の森公園から野川公園と大沢の里

春のうららかな日に野川の岸辺を散歩する。
菜の花が咲き、対岸では水車が回っている

調布飛行場と国立天文台の間を流れるあ
たりの野川の岸辺は、武蔵野で最も美し
い場所ではないだろうか。特に春は素晴
らしい。「春光」や「風光る」といった言
葉は、ここのようなのどかで躍動感にあ
ふれる情景をいうのだろう。

ふるさとの丘で休んで
いると、小さな飛行機
がトンボのように青空
に飛び立った

59

左）野川公園わき水広場の小川で遊ぶ子どもたち　右）自然観察園は木道が敷かれていて歩きやすい

湧き水を集めて流れる野川

　春になると、野川公園のわき水広場や野川の岸辺の大沢の里は、鳥がさえずり、そよ風が吹き、泉の水があふれ、小川になって流れていく。まるで、ヴィヴァルディの協奏曲『四季』の「春」の楽譜に添えられたソネットのような情景だ。川辺の自然も散歩する人も生き生きとして喜びに満ちている。

　多磨駅から歩いてくる途中の武蔵野の森公園には、調布飛行場の滑走路を見渡す丘がある。ここから伊豆諸島に小型旅客機が飛んでいて、離着陸を眺めることができる。小さな機体が飛び立つ瞬間は、心がはずむ。

　野川公園の自然観察園は国分寺崖線、いわゆる「はけ」の下にあり、湿地を好む山野草が多く、5月にはチョウジソウやウマノアシガタが咲く。大沢の里は夏の宵、ホタルが舞う。春から夏にかけて自然は目まぐるしく変わる。毎週でも歩きに行きたいコースだ。

自然観察園で植物を観察

　多磨駅前から東京外国語大学のわきを通り、武蔵野の森公園へ。芝生の広場を横切って、ふるさとの丘か、展望の丘に行き、飛行機が離着陸するのを待ってみよう。羽田や成田空港のように頻繁には飛ばない分、見ることができたときはうれしい。

　展望の丘からは北に進めば、野川公園。一之橋で東八道路を越え、野川も渡れば、わき水広場と自然観察園がある。自然観察園は木道で歩きやすく、野草の花が好きな人は、どれだけ時間をかけても足りないことだろう。

　自然観察園を出たら野川の流れに沿って野川公園を抜け、大沢の里へ。古民家や水車のあるのどかな川辺だ。美しい景色を堪能したら、武蔵野の森公園に戻って多磨駅へ。途中、戦争遺跡の掩体壕があるので見ておこう。

戦時中、空襲から戦闘機を守った掩体壕

国立天文台三鷹キャンパスを見学

野川の東側、高台の森にある国立天文台の三鷹キャンパスは、正門の受付で申し出れば構内を見学できる。見学コース上の施設は、太陽黒点の観測をおこなった第一赤道儀室（せきどうぎ）や、現在は天文台歴史館の大赤道儀室など、大正から昭和半ばまで使用された観測ドームが多く、内部には架台に載せた大きな天体望遠鏡が納めら

国の登録有形文化財の建物がたくさんある

れていて、宇宙へのロマンを感じる。星や宇宙に心ひかれたら、観望会や特別公開などのイベントにも参加してはいかがだろうか。

⟨ information ⟩

 2時間

🚃 行き／西武多摩川線「多磨駅」
帰り／西武多摩川線「多磨駅」

🕐 多磨駅（10分）武蔵野の森公園（15分）展望の丘（5分）野川公園（15分）わき水広場（10分）自然観察園の入口（20分）御狩野橋（10分）大沢の里の水車（10分）掩体壕（25分）多磨駅

🏛 **野川公園の自然観察園**
開館時間9時30分〜16時30分／月曜（祝日の場合は翌日）・年末年始休／入園無料／TEL.0422-31-9033

🏛 **国立天文台三鷹キャンパス**
公開時間10時〜17時／年末年始休／入場無料／東京都三鷹市大沢2-21-1／TEL.0422-34-3600

ℹ️ **みたか都市観光協会**　TEL.0422-40-5525

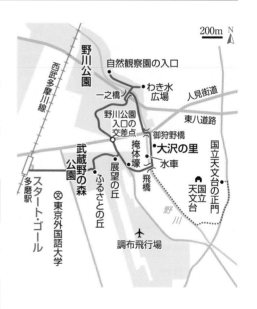

（14）

花と緑を楽しみながら植物を学ぶ
神代(じんだい)植物公園を散策

神代植物公園のばら園。春のバラフェスタ
の数日前なのだが、咲きそろっている

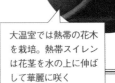

ここが「植物園」ではなく「植物公園」
なのは、教育とレクリエーションをどち
らも提供するため。私たちも花を楽しみ、
植物について学ぼう。園内は広く、4800
種類、10万本・株もの草木が植えられて
いる。なかでも、ばら園は素晴らしい。

大温室では熱帯の花木
を栽培。熱帯スイレン
は花茎を水の上に伸ば
して華麗に咲く

春と秋のバラフェスタは楽園のよう

神代植物公園が最も輝くのは、バラが咲いているとき。日ごろ草花に全く関心のない人も、この植物公園の花盛りのばら園は見た方がいい。例年5月に「春のバラフェスタ」、10月に「秋のバラフェスタ」が開催される。春は400種類5200株、秋は300品種5000株もの色とりどりのバラの花が咲く。

ばら園は、噴水を囲む広い洋式庭園で、整然とした美しさが感じられる。初夏や秋の晴れた日、気の向くままに園路をめぐって多彩な色と香りの花を観賞していると、日ごろの憂いを忘れる。テラスに座って花園を眺めているだけで、贅沢な気分になる。

バラは自宅の庭で育てると、施肥（せひ）や病害虫の防除に手間のかかる植物。広大な花園を維持するのは、大変な労力のはず。見事に咲いたばら園を見に行かないのは、もったいない。

水生植物園の木道も歩いてみよう

調布駅から歩いて行くこともできる

神代植物公園の正門はバス停が近くて便利

が、園内を歩きまわることを考慮して、調布駅や三鷹駅から神代植物公園の正門前までバスで行こう。

正門を入ったら右に進もう。つつじ園、しゃくなげ園、ぼたん・しゃくやく園が続き、花の時期は美しい。大温室の熱帯の植物も珍しくて楽しめる。

大温室の前のばら園を通り、雑木林を抜けると深大寺門（じんだいじ）がある。植物公園と寺の「じんだい」の字が違う理由は、戦前、東京府の緑地ができたとき、この周辺の村々が明治に合併して付けていた地名が、神代村だったため。

深大寺をはさんで、分園の水生植物園があるので行ってみよう。木道を歩きながら水辺の草花を観察できる。

水生植物園からは本園に戻り、芝生広場や池をめぐって1周したら、正門前のバス停からバスに乗って帰ろう。

左）バラが咲くころ、シャクヤクの花も満開　右）湿地を木道で歩くことができる水生植物園

東京都の緑を再現、植物多様性センター

神代植物公園通りの北側にある分園「植物多様性センター」園内には、情報館のほかに「武蔵野」「奥多摩」「伊豆諸島」の三つのゾーンに分かれた学習園がある。武蔵野ゾーンは雑木林や多摩川の河原、奥多摩ゾーンは落葉広葉樹林や石灰岩地、伊豆諸島ゾーンは海岸や

植物多様性センターの武蔵野ゾーンを散策

火山性の草地など、それぞれの地域の植生を再現。主に東京都の野生植物を展示しているため、本園に比べて地味に思えるかもしれないが、東京の自然に関心を持っている人が園内を歩けばきっと発見がある。水生植物園と同様に無料区域なので、本園とは別の日に訪れてゆっくり過ごすのもいい。

〈 information 〉

 1 時間 30 分

 行き／京王バス「神代植物公園バス停」
帰り／京王バス「神代植物公園バス停」

🕐 神代植物公園バス停（2 分）正門（10 分）大温室（3 分）ばら園（15 分）深大寺門（20 分）水生植物園（35 分）ガーデンビューロー（3 分）正門（2 分）神代植物公園バス停

 神代植物公園　本園
開園時間 9 時 30 分〜 17 時／月曜（祝日の場合は翌日）・年末年始休／入園一般 500 円、65 歳以上 250 円、中学生 200 円（都内在学・在住の中学生は無料）・小学生以下無料／東京都調布市深大寺元町 5-31-10 ／ TEL.042-483-2300

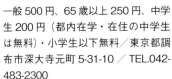

N ▲ 100m

 水生植物園
開園時間 9 時 30 分〜 16 時 30 分／月曜（祝日の場合は翌日）・年末年始休／入園無料

 植物多様性センター
開園時間 9 時 30 分〜 17 時／月曜（祝日の場合は翌日）・年末年始休／入園無料／調布市深大寺北町 1-4-6 ／ TEL.042-485-1210

ℹ **神代植物公園サービスセンター**　TEL.042-483-2300

大人の旅行気分で武蔵野の古城を訪ねる
深大寺城跡と門前町
じんだい じ じょう

深大寺城跡。地面に点在する石柱は、発見された掘立柱建物の柱穴の位置を示している

関東の城は、江戸城や小田原城だけではない。戦国時代、武蔵野には多くの城があった。深大寺城跡もそのひとつ。現在、水生植物園になっている湿地は、昔はきっと堀だろう。高台に上がると、空堀や土塁があり、郭が広がる。兵どもが夢の跡だ。
からぼり ど
るい くるわ つわもの

天神通りには、調布市ゆかりの漫画家、水木しげる作品の妖怪があちこちにいる

国指定史跡の深大寺城

　城跡の見学は、樹木が生い茂る夏よりも木の葉が落ちた晩秋から早春がよい。山城や平地の丘に築いた平山城は、とくにそうだ。眺望が利き、城の設計である縄張りもわかりやすい。

　深大寺城跡は、神代植物公園・水生植物園南の台地にある平山城。国の史跡だが、最初の築城者は不明。戦記『河越記』には「深大寺とかやいへるふるき郭を再興し相州に向てこれをかこむ」とある。戦国時代、河越城を本拠とする武将、扇谷上杉氏が、小田原の北条氏の来襲に備え、既にあった城跡を利用して築いたらしい。

　江戸幕府が編纂した地誌によれば、深大寺城の城主は、上杉氏の家臣、難波田氏。しかし、難波田氏は、38コースで訪ねる難波田城の城主とも、武州松山城の城代ともいう。いずれにしても扇谷上杉氏と難波田氏は、河越の戦で、北条氏に敗れ、滅びる。

　戦国武将の盛衰は激しく、城跡だけが、後世まで残っている。

門前町の店でそばだんごを買って食べよう

天神通りを歩き、野川を渡る

　調布駅を出て北に歩き、旧甲州街道を渡り、天神通りを行く。布多天神社の鳥居前で左折して境内に沿うように北に進むと、野川の御塔坂橋に至る。野川の岸は、ここでも緑が美しい。

　橋を渡って進み、「深大寺入口」の交差点を右折して、水車館やバス停を過ぎれば、深大寺の山門前の参道。みやげ物屋、そば屋、茶屋が集まり、ちょっとした旅行気分を味わえる。

　深大寺城に行くため、さらに前進して水生植物園の門を入る。湿地の木道を歩き、南の高台に上がる。「深大寺城跡」の碑がある場所は第一郭、空堀を渡った広場は第二郭。建物が何もない分、空想が広がる。帰りは、深大寺バス停からバスに乗ると楽だ。

左）野川に架かる御塔坂橋を渡って進む　右）空堀や土塁の遺構がよくわかる城跡

青渭神社の大ケヤキを見に行こう

深大寺とその周辺は、江戸時代から人々が寺社めぐりを楽しみに訪れた。『江戸名所図会』には、僧侶と一緒に名産のそばを味わいながら景色を愛でている客の挿絵が載っている。旅姿の男が鳥居の前に立って巨木を眺め、通りかかった農民に話を聞こうとしている様子の絵もある。本文には「青渭の神社」として、「槻の老樹あり。数百余霜を経たるものなり」と記されている。槻はケヤキの古い呼び名。その大木は現在も枯れずにそびえている。同書には「古へは社前に湖水ありしゆゑ、青波の称あり（青波天神社とも呼んだ）」とも書いてある。深大寺の起源の伝承にも湖が出てくるが、昔、このあたりには実際に湖があったのかもしれない。青渭神社は、水生植物園の門から5分ほどの場所なので往復してみてはいかがだろう。

江戸時代には既に巨木だった
青渭神社のケヤキ

information

 1時間5分

🚃 行き／京王線「調布駅」
帰り／京王バス・小田急バス「深大寺バス停」

🕐 調布駅（10分）布多天神社（20分）御塔坂橋（20分）水生植物園（5分）深大寺城跡（10分）深大寺バス停

🏛 **神代植物公園　水生植物園**
開園時間 9時30分〜16時30分／月曜（祝日の場合は翌日）・年末年始休／入場無料

📍 **調布市観光協会事務局**
TEL.042-481-7183・7184
深大寺観光案内所
TEL.042-488-3099

(16)

多摩川から吹くそよ風が心地よい
狛江の五本松
こまえ

狛江の五本松のベンチに先客がいる。水辺
で松の梢に吹く風の音を聴いているのだろう

狛江市の多摩川の岸辺に「五本松」とい
う名所がある。5本というのは切りがよい
からだろうか、実際の本数は、もう少し
多い。川沿いの松の木立は昔の街道風景
のようで、時折、時代劇の撮影がおこな
われるというのもうなずける。

例年夏に開催される
「狛江古代カップ多摩
川いかだレース」は、
五本松がスタート地点

五本松からは多摩水道橋を目指して歩く

多摩川の岸辺で自然を感じる

多摩川の岸辺の散歩は、どこも視界が開けて気分が晴れる。土手は日差しをさえぎる物がないのが難点だが、狛江には「五本松」と呼ぶ小さな松林がある。川風の吹き抜ける木陰は快適で、いつまでも休んでいたくなる。

ベンチで隣り合った地元の人は「ここが気持ちいいのは、ほかの場所のようにグラウンドがなくて、自然を感じることができるから」と言った。なるほど、整備して活用すればよいというものではないのかもしれない。

狛江の街は古墳や古社寺が点在し、歴史の古さを感じさせる。五本松からほど近い場所に「玉川碑」という歌碑がある。刻まれているのは『万葉集』の「多摩川にさらす手作りさらさらになにそこの児のここだかなしき」の歌。このあたりは古代には麻布を織り、多摩川の水にさらして仕上げて朝廷に納めた調布の里だったのだ。

狛江は泉も川もある水と緑のまち

狛江駅北口を出て西に行くと、泉龍寺の山門の手前に池がある。『江戸名所図会』に「いかなる旱魃にも枯るることなく」と記された泉だ。狛江市の和泉の

地名は、この池に由来する。

泉龍寺を拝観し、古民家園に立ち寄る。愛称「むいから民家園」のむいからは、麦わらのこと。民家園からさらに西に進み、「水神前」の交差点まで来たら北に少し歩いて「玉川碑」を見ておこう。東歌を代表する名歌だ。

水神社は小さな祠だが、大切にされている様子がうかがえる。伊豆美神社の旧地であり、六郷用水（次大夫堀）の取水口もあったためだろう。

多摩川の土手に出たら、下流に向かう。前方には、五本松が見える。五本松からは多摩川の流れに従うように歩き、和泉多摩川駅までのんびり歩こう。

上）泉龍寺の山門を入るとひっそりとした境内
下）古代の人々の暮らしがしのばれる玉川碑

和泉の鎮守、伊豆美神社にお参り

水神社の場所から戦国時代に遷座したという伊豆美神社に参拝してみよう。同社は和泉村の鎮守で、江戸時代までは「六所宮」や「六所明神社」と称した。府中の武蔵総社の六所宮、現在の大國魂神社を勧請したのだろう。主祭神は大国魂大神（大国主神）

伊豆美神社の参道の鳥居は、江戸初期のもの

だが、武蔵国一之宮の小野大神から六之宮の杉山大神まで、氷川大神や秩父大神など、あまた神々をまつっていることになる。参道に立つ石造の鳥居は小さいが古く、江戸前期の町奉行、石谷貞清が奉納。貞清は、浪人が反乱を起こした由井正雪の乱の首謀者の一人、丸橋忠弥を捕まえた人物。のちに浪人の救済に努めたという。

西河原自然公園を過ぎたら「狛江和泉小入口」の横断歩道を渡り、北に歩く。神社の近くには、6世紀に造られた兜塚古墳もある。

⟨ information ⟩

 1 時間 20 分

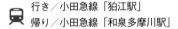
行き／小田急線「狛江駅」
帰り／小田急線「和泉多摩川駅」

🕐 狛江駅(4 分)弁財天池(1 分)泉龍寺(10 分) 古民家園(20 分) 玉川碑(15 分) 狛江の五本松(20 分)多摩川水道橋(10 分) 和泉多摩川駅

🏛 **狛江市立古民家園**（むいから民家園）
開館時間 9 時 30 分～16 時 30 分／月曜（祝日の場合は翌開園日）・年末年始休／入園無料／東京都狛江市元和泉 2-15-5 ／ TEL.03-3489-8981

📍 **狛江市観光協会**（狛江市地域活性課地域振興係） TEL.03-3430-1111

並木道や緑道を歩いて武蔵国の歴史探訪
大國魂神社から分倍河原古戦場碑

府中用水の流路を整備した新田川緑道。「にっ
たがわ」と思いきや「しんでんがわ」という

武蔵野の古都、府中の街を歩こう。馬場
大門のケヤキ並木を通って、大國魂神社。
国司館跡から緑道をたどって、分倍河原
の古戦場。軍記物語『太平記』巻10の分
倍河原合戦の部分だけでも読んで現地を
訪れると感慨もひとしおだ。

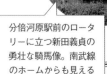

分倍河原駅前のロータ
リーに立つ新田義貞の
勇壮な騎馬像。南武線
のホームからも見える

府中には名所旧跡がたくさん

奈良時代から平安時代にかけて武蔵国の国府が置かれていた府中市は、武蔵野の古都。とりわけ府中本町のあたりは、武蔵総社の大國魂神社や国史跡の武蔵国府跡など由緒ある神社や寺、旧跡が多い。昔の線路跡や用水路を転用した緑道・遊歩道が静かな住宅街を縦横に通り、のんびり歩くことができて、歴史散策に向いている。

府中駅から大國魂神社に参拝し、下河原緑道（しもがわら）と新田川緑道（しんでんがわ）を歩き、「分倍河原古戦場碑（にったよしさだ）」を見に行ってみよう。新田義貞の率いる軍勢と鎌倉幕府軍が戦った記念碑だ。一度は退却した新田軍だが、態勢を立て直し、ここで幕府軍を打ち破る。分倍河原の合戦は40巻にわたる長い軍記物語『太平記』でも最も盛り上がるところ。碑の前に立つと、合戦は物語ではなく、史実だったことを実感する。

昔の風景を想像しながら歩く

府中駅から「馬場大門のケヤキ並木」と呼ぶ参道を南に歩いて大國魂神

下河原緑道は歩行者と自転車の専用道

社へ。並木の間に、苗木を奉納したと伝えられる平安時代の武将、源義家（よしいえ）の像が立っている。旧甲州街道を渡って大鳥居をくぐる。右手にある「ふるさと府中歴史館」にも一度は入ろう。

参拝後は境内を西に抜け、府中本町駅に向かう。「国司館と家康御殿史跡広場」に立ち寄り、管理事務所でVRスコープを借りると、眼前に古代の映像が現れて、思いのほか楽しめる。

矢崎町防災公園から下河原緑道を歩く。鉄道跡の道のためカーブしながら進み、分岐点から南下。新田川緑道との交差点で西に向かう。もとは農業用の水路で所々に水辺のある気持ちよい道。分倍河原古戦場碑からは、分倍河原駅へ。改札口を入る前に新田義貞の躍動感あふれる騎馬像を見よう。

左）馬場大門のケヤキ並木に立つ源義家の像　右）新田川緑道にある分倍河原古戦場碑

髙安寺で弁慶ゆかりの井戸を見物

旧甲州街道に面した髙安寺は、境内に見どころの多い古刹。寺伝によれば、室町幕府の初代将軍、足利尊氏が全国に安国寺を建立するにあたり、武蔵国では、見性寺と号していた寺を髙安寺に改めたという。伝承の域を出ないが、見性寺の歴史は古く、平安

風格ただよう髙安寺の大きな山門

時代にさかのぼり、平将門の乱を平定した藤原秀郷が、武蔵守に任じられた際の館の跡地だという。そのため、境内に秀郷稲荷がある。稲荷のわきには、弁慶が経典を筆写する源義経のために硯の水を汲んだと伝える井戸「弁慶硯の井」もある。最寄り駅は分倍河原駅だが、旧甲州街道を東に10分ほど歩けば、大國魂神社の大鳥居に至るので、府中駅から帰ることもできる。

⟨ information ⟩

👟 1時間35分

🚆 行き／京王線「府中駅」
帰り／京王線「分倍河原駅」

🕐 府中駅（5分）大國魂神社（5分）国司館と家康御殿史跡広場（10分）矢崎町防災公園（20分）下河原緑道と新田川緑道の交差点（10分）新田川緑地（20分）分倍河原古戦場碑（25分）分倍河原駅

🏛 **ふるさと府中歴史館**
開館時間9時〜17時／月曜（祝日の場合は翌平日）・5月3〜5日・年末年始休／入館無料／東京都府中市宮町3-1／TEL.042-335-4386（府中市ふるさと文化財課）

🏛 **国司館と家康御殿史跡広場**
開園時間9時〜17時／年末年始休／入園無料／東京都府中市本町1-14／TEL.042-365-1615

ℹ **府中市観光情報センター** TEL.042-302-2000

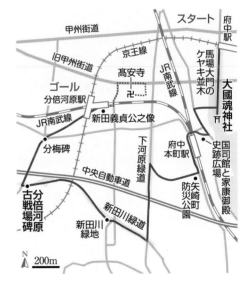

(18)

古建築と花を求めて、多摩川の土手を行く
府中多摩川かぜのみちと郷土の森博物館

丘に沿った道を縁取るように咲くアナベル。
白い川のようにも見えて、まるで銀河だ

緑あふれる園内に茅葺（かやぶ）きの農家、水車、
昔の町役場、郵便取扱所などが点在する
府中市郷土の森博物館。失われし武蔵野
の情景だ。たまにはノスタルジックな気
分にひたって歩くのもいいもの。梅、あじ
さい、曼珠沙華（まんじゅしゃげ）の咲く時期がおすすめ。

河川距離標は川岸を歩
くとき励みになる。「多
摩川左岸、海から33
キロ」と記されている

左）通行ルールを守って散歩を楽しもう
右）空と緑が広がる府中多摩川かぜのみち

季節の花も魅力の野外博物館

　多摩川沿いにある府中市郷土の森博物館は、武蔵野の景観を再現した園内に市内にあった古い建物を移築・復元した野外博物館。府中は古代に国府が置かれ、江戸時代には甲州街道沿いの宿場町として栄えた土地。大國魂神社のくらやみ祭をはじめ伝統行事も盛んで歴史や文化に富み、本館内の展示も充実している。でも散歩が好きな人にとって興味深いのは屋外の景観だろう。はけ下の流れ、まいまいず井戸、水車小屋、茅葺きの養蚕農家、大正時代の町役場の庁舎など好奇心をそそられる建物がたくさんある。

　花の名所としても知られていて、早春は馥郁（ふくいく）たる梅の香りに包まれ、梅雨はあじさい、秋のお彼岸には曼珠沙華（まんじゅしゃげ）が咲き乱れる。あじさいは青や紫色の花も美しいが、近年は白色のアナベルが人気。清浄無垢な印象が、人々に愛される理由だろうか。

自転車に気をつけて歩こう

　府中市の多摩川の土手は「府中多摩川かぜのみち」と呼ぶ遊歩道になっている。自転車に気を付ける必要はあるが、眺めのよい道だ。郷土の森博物館は、JR南武線の府中本町駅から下河原緑道を歩いて行く方が近いが、京王線の中河原駅から多摩川の土手を歩くのも気分が変わっていいものだ。

　中河原駅を出たら鎌倉街道を南に進み、多摩川通りの「関戸橋北」の交差点を渡れば、府中多摩川かぜのみち。安全のため「歩行者は右はじ」の通行ルールを守り、下流に向かう。

　郷土の森博物館の敷地が見えたら土手を下りて横断歩道で多摩川通りを渡る。敷地に沿って歩き、角を曲がり、駐車場を過ぎれば正門。園内は広いので、地図を入手して散策をはじめよう。とはいえ、道に迷いながら歩くのも思いがけない発見があって楽しい。

あじさいの花が彩る旧府中町役場

二ヶ村緑道で是政駅から帰ろう

博物館の正門を出て東に歩き、交通遊園を過ぎて、「郷土の森公園入口」の交差点を渡ると、二ヶ村緑道がある。二ヶ村は、今は府中市の常久村と押立村のこと。両村を潤した農業用水路を整備した緑道で、西武多摩川線の是政駅の近くを通って、多摩川競艇場まで延びている。快適な道なので、是政

せせらぎのある道。右はラグビーのグラウンド

駅まで歩いてみよう。是政駅が終着駅の西武多摩川線は、もとは多摩川で採取した砂利輸送のための鉄道。砂利はコンクリートの材料として大量に採取され、首都の発展を支えた。郷土の森博物館や競艇場は、砂利採取の跡地。博物館の正門から是政駅まで徒歩約20分の道のりだ。

⟨ information ⟩

 1時間45分

🚃 行き／京王線「中河原駅」
帰り／京王バス「郷土の森正門前バス停」

🕐 中河原駅（10分）関戸橋北の交差点（40分）府中市郷土の森博物館正門（5分）旧府中町役場（20分）アナベルの丘（30分）郷土の森正門前バス停

🏛 **府中市郷土の森博物館**
開館時間9時〜17時／月曜（祝日の場合は翌日）・年末年始休／入場料大人300円、中学生以下150円、4歳未満　無料／東京都府中市南町6-32／TEL.042-368-7921 ※改修工事のため2024年5月31日までと7月16日から19日までは園内含め全館休館。6月1日から7月15日は園内のみ利用可。7月20日園内含め全館開館

📍 **府中市観光情報センター**　TEL.042-302-2000

(19)

武蔵野の名花、ムサシノキスゲを探しに
府中の森公園から浅間山公園

中山の西斜面から前山にかけてのびる尾根道
のベンチは、お弁当を広げるハイカーに人気

府中市の浅間山はムサシノキスゲの自生
地として有名。ほかにも時季が合えば、
キンラン、ギンラン、ヤマユリなど、東
京近郊では珍しい花を見ることができる。
野の草花が好きな人にとっては「秘密の
花園」みたいな場所だ。

浅間山に咲くムサシノ
キスゲの花。光の加減
なのか、黄色もあれば
オレンジ色の花もある

左）噴水や花が美しい府中の森公園　右）府中の森公園の広場を縁取る木陰に芸術作品

山歩きの雰囲気を気軽に楽しむ

　初夏、浅間山を歩くと林の中に明かりが灯ったように少し赤みがかった黄色の花が咲いている。ムサシノキスゲだ。尾瀬や霧ヶ峰に生えているニッコウキスゲに似た花で、山好きの人は夏の高原を思い出すかもしれない。

　浅間山は標高80メートルに満たないとはいえ、山らしい山だ。前山、中山、堂山の三つの頂を尾根道やトラバースの道が結ぶ。中山の北麓には「おみたらし」と呼ぶ湧き水まである。短時間の登山だが、山歩きの醍醐味を味わえる。春はキンランやギンラン、夏はヤマユリが咲き、木々が葉を落とした冬は雪を被った真っ白な富士山を望み、四季折々訪れる価値がある。

　一方、府中の森公園は、噴水や美術館や彫刻のある都会的な公園。街が好きなら府中の森公園で、自然が好きなら浅間山公園で、のんびりしよう。

山道を歩ける靴をはいて行こう

　東府中駅からイチョウ並木の通りを北に行く。要所には府中市美術館の案内看板があるので迷う心配はない。

　府中の森公園の南口を入り、噴水の広場から北に延びる園路を歩く。府中市美術館を過ぎて、公園を出たら東へ。新小金井街道で左折して北上。右手に見えてくる緑地が、浅間山だ。

　浅間山公園の園路をたどって、前山、中山、堂山に上ろう。休憩は、前山の尾根道のベンチか、中山のあずまやが気持ちよい。堂山の頂上には、浅間神社が鎮座している。ムサシノキスゲの群生地やキンラン、ギンランの花は、北斜面に割と多い。歩きまわっても見つからなければ、散策している人にたずねるといい。野の花を愛する者同士、きっと親切に教えてくれる。帰りは「浅間山公園バス停」から東府中駅や武蔵小金井駅行に乗ると楽だ。

堂山の神社のわきに山頂標識と三角点

公園墓地の多磨霊園で歴史散歩

堂山の東麓のきすげ橋を渡ると、都立多磨霊園。同園は、大正時代、日本初の公園墓地として開園した。緑豊かな園内には、内村鑑三、与謝野鉄幹・晶子、北原白秋、堀辰雄、吉川英治など文化人の墓が多く、作品の愛読者や偉人の生き方を慕う人の墓参が絶えない。管理事務所で「著

「歴史がねむる公園墓地」。多磨霊園はまさにそのとおりだ

名人お墓めぐりマップ」を入手して園内を歩いてみよう。帰路は多磨駅が近い。正門を出ると、駐在所前に「歴史がねむる公園墓地」と記した標識が立っている。昭和48（1973）年、府中市が市民からいろはかるたの言葉を募集して製作した『武蔵府中郷土かるた』の「れ」の札だ。府中市を歩くと街角のあちこちで同様の標識を見かける。興味を持ったら、ふるさと府中歴史館（73ページ）などでかるたを購入すれば、設置場所一覧図が付いてくる。

⟨ information ⟩

 1時間40分

🚃 行き／京王線「東府中駅」
帰り／京王バス「浅間山公園バス停」

🕐 東府中駅（15分）府中の森公園南口（15分）府中美術館（10分）平和の森公園（15分）
浅間山公園（20分）堂山の浅間神社（25分）浅間山公園バス停

🏛 **府中市美術館**
開館時間10時〜17時／月曜（祝日の場合は翌日）・年末年始・展示替え期間休／観覧料常設展一般200円、高校生・大学生100円、小・中学生50円、企画展は展覧会で異なる／東京都府中市浅間町1-3／TEL.042-336-3371

📍 **府中市観光情報センター**
TEL.042-302-2000

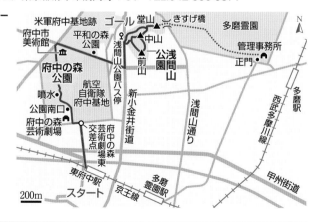

20

武蔵野に湧き出た泉や池を結んで歩く
国分寺・小金井はけの道

貫井神社の池は湧き水がたまってできた。水量
豊富で昭和には社前に水泳プールもあった

国分寺崖線^{がいせん}は、大昔の多摩川が武蔵野台
地を削ってできた武蔵野段丘と立川段丘
の斜面の連なり。地元では「はけ」と呼ぶ。
武蔵野段丘の地下水は、はけ下で湧いて
流れ出る。はけ沿いの道に点在する泉や
池を訪ねて歩こう。

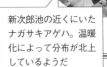

新次郎池の近くにいた
ナガサキアゲハ。温暖
化によって分布が北上
しているようだ

はけは、武蔵野の水と緑の源

　はけは、崖を意味する方言。「国分寺崖線」と呼ぶ国分寺市あたりから世田谷区まで野川沿いに続く高さ10から20メートルの河岸段丘の斜面の連なりだけがはけではないのだが、武蔵野で「はけ」といえば、国分寺駅や小金井駅から南に行くと突然現れる坂道の風景を思い浮かべる。「土地の人はなぜそこが『はけ』と呼ばれるかを知らない」で始まる大岡昇平の小説『武蔵野夫人』の影響だろうか。同作は名匠、溝口健二監督、ヒロイン田中絹代で映画にもなった。

　はけの上下は住宅街だが、傾斜地のはけには雑木林や竹林が残っている。その林間に水が湧く。水を吐く場所だから「はけ」という説もある。はけ沿いの道には、殿ヶ谷戸庭園、新次郎池、貫井神社、滄浪泉園など、湧水池のある庭園や社寺が点在し、たどって歩くと、いつの間にか遠くまで来ている。

心を洗い清め潤す、湧き水の池

　国分寺駅南口近くの殿ヶ谷戸庭園は、高台に芝生の庭、崖下に湧水池があり、

滄浪泉園の池。小さな池だが、カワセミを見た

はけの地形がわかりやすい。

　庭園を出たら東に向かう。東京経済大学の案内看板を頼りに進み、キャンパス内の新次郎池を見学しよう。池のほとりにベンチがあり、休憩できる。

　次は、貫井神社へ。境内の湧き水の池には朱塗りの太鼓橋が架かり、鯉が泳ぎ、社殿を囲む緑が美しい。

　新小金井街道を貫井トンネルの上で渡り、滄浪泉園。園名はのちに首相になる犬養毅が「俗塵に汚れた心を洗い清める」泉の意味で命名したという。

　東に歩いて小金井街道に出たら、武蔵小金井駅に向かう前に、もう少し、はけの道をたどってみよう。金蔵院から500メートルほど先の「美術の森緑地」あたりが、『武蔵野夫人』の舞台になった場所だともいう。

左）殿ヶ谷戸庭園の芝生は武蔵野段丘、池は立川段丘　右）美術の森緑地の湧水の池は、苔が美しい

野川沿いの広い武蔵野公園へ

はけの森美術館前の道をさらに東に行く。木々の生い茂るムジナ坂の下を過ぎると、右手に視界が開ける。武蔵野公園だ。空が広く、晴れ晴れとした気分になる。野川の洪水を防ぐ調整池と東京の公園の木や街路樹を育てる苗圃（びょうほ）の役割を担う公園だが、くじら山と呼ぶなだらかな丘

武蔵野公園、原っぱの奥にくじら山が見える

のある原っぱには、子どもたちの声が明るく響く。調整池も水がないときは広々とした草地。すすきの生い茂る原野だったという大昔の武蔵野の風景を思わせるような景観だ。帰りは、東八道路沿いの「武蔵野公園バス停」からバスに乗ると楽だが、健脚の人は野川に沿って進むと、武蔵野公園を出て野川公園に至るので、西武多摩川線の多磨駅や新小金井駅から帰る方法もある。

⟨ information ⟩

🚶 2時間10分

🚃 行き／JR中央本線「国分寺駅」
帰り／JR中央本線「武蔵小金井駅」

🕐 国分寺駅（3分）殿ヶ谷戸庭園（25分）新次郎池（15分）弁天橋（2分）貫井神社（25分）滄浪泉園（20分）金蔵院（15分）美術の森緑地（25分）武蔵小金井駅

🏛 **殿ヶ谷戸庭園**
開館時間9時〜17時／年末年始休／入園一般150円、65歳以上70円、小学生以下と都内在住・在学の中学生無料／東京都国分寺市南町2-16／TEL.042-324-7991

🏛 **滄浪泉園**
開館時間9時〜17時／火曜（祝日の場合は翌平日）・年末年始休／入園15歳以上100円、6歳以上15歳未満・60歳以上50円／東京都小金井市貫井南町3-2-28／TEL.042-385-2644

ℹ こくぶんじ観光まちづくり協会　TEL.042-325-0111
小金井市観光まちおこし協会　TEL.042-316-3980

21

小金井は、江戸伝統の花見の名所
玉川上水の桜橋から小金井公園

小金井公園いこいの広場。満開の淡墨桜の下
で花見を楽しんでいる人はみんな幸せそう

明治の小説家、国木田独歩は名作『武蔵野』
で、夏の小金井を散歩する幸福を書いた。
それでもやはり小金井は、江戸の昔から
桜の名所。花見客は、玉川上水の堤から
小金井公園の広場や桜の園に移ったが、
花の美しさは変わらない。

桜橋の国木田独歩文学
碑。独歩は武蔵野の美
しさを書くことで、日
本人の感性を変えた

左）玉川上水沿いの緑道を歩いて小金井公園へ　右）羽村市から新宿区まで43キロも続く玉川上水

広重が浮世絵に描いた小金井堤

　小金井を流れる玉川上水の堤の桜の美しさは、江戸時代から有名。当時の地誌『江戸名所花暦』は「両岸花咲つづきて、白雲の中に遊ぶがごとし」とたたえ、広重も浮世絵に描いた。

　玉川上水の桜並木の始まりは、8代将軍、徳川吉宗の享保の改革の一環として武蔵野新田が開発されたとき。町奉行、大岡忠相の下で活躍した押立村（現在は府中市）の名主、川崎平右衛門が、上水の岸に植えたと伝わる。

　枯れ木が多くなると補植し、明治になっても花見の名所だったが、昭和の戦後の高度経済成長期、道路の拡張や周辺の市街地化で、人々が花見を楽しむ場所は小金井公園に移った。

　往時をしのびつつ春の玉川上水緑道を歩こう。小金井公園は、いつ訪れても気持ちのよい場所だが、やはり桜の咲いているときは心が浮き立つ。

多彩な桜を楽しめる小金井公園

　武蔵境駅から北に真っすぐ行く。明治後期、それまでの日本人が気づかなかった新しい自然美を見出したことで名高い国木田独歩の作品『武蔵野』の舞台のため、桜橋のたもとに碑がある。独歩は春ではなく、夏にこの道を歩き、武蔵野の風光を賛美した。

　玉川上水に沿って、桜の根本を歩くように緑道を西に進む。「境橋」の交差点から五日市街道になると、車の往来が激しくなるため、桜堤歩道橋で街道を渡り、小金井公園に入る。園路は静かで、のんびり歩くことができる。

　小金井公園の桜は「たてもの園前広場」や「桜の園」が有名だが、「いこいの広場」の北側に淡墨桜の木がある。まだ小さな木だが、山高神代桜、三春滝桜も植えられていて、「日本三大桜」がそろっている。小金井公園は、桜の種類が多く、花を長く楽しめる。

コブシの花。小金井公園は桜以外の花木も多い

江戸東京たてもの園でタイムトラベル

小金井公園にある江戸東京たてもの園は、歴史的、文化的に価値の高い建造物を30棟も集めた野外博物館。江戸時代の八王子千人同心組頭（せんにんどうしん）の家や、2・26事件の現場になった高橋是清（これきよ）邸などが移築、復元されている。大正のモダン住宅、昭和初期の下町の商店、武蔵野の古民家な

カフェとしても使われている洋館デ・ラランデ邸

どをめぐって歩くのは、時間旅行のような楽しい体験だ。田園調布や常盤台（ときわ）にあった和洋折衷の文化住宅は、インテリアもエクステリアも当時の様子に再現され、建築に興味がある人は、いつまでいても飽きないことだろう。三井総領家の三井八郎右衛門邸などは庭も素晴らしい。とくに春、この庭の枝垂れ桜とサンシュユの花を見ないまま帰るのは、小金井公園まで来て、もったいない。最初から江戸東京たてもの園だけを目的に訪れても楽しめる。

〈 information 〉

 1 時間 35 分

行き／JR 中央本線「武蔵境駅」
帰り／西武バス「小金井公園西口バス停」

武蔵境駅（15 分）桜橋（15 分）境橋（15 分）桜堤歩道橋（5 分）小金井公園スポーツ施設管理センター（25 分）いこいの広場（20 分）小金井公園西口バス停

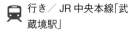

江戸東京たてもの園
開園時間 9 時 30 分〜17 時 30 分（10 月〜3 月は 16 時 30 分閉園）／月曜（祝日の場合は翌日）・年末年始休／入園一般 400 円、65 歳以上 200 円、大学生 320 円、中学（都外）・高校生 200 円、都内在住・在学の中学生、小学生・未就学児無料／東京都小金井市桜町 3-7-1 ／ TEL.042-388-3300

武蔵野市観光機構　TEL.0422-23-5900
小金井公園サービスセンター　TEL.042-385-5611

（22）

「平成の名水百選」の水の清らかさを実感

落合川と南沢湧水群

護岸の目立たない落合川いこいの水辺は、水際
まで草木が茂り、自然の川のようだ

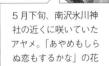

武蔵野台地のほぼ中央にある東久留米市
は、市域を流れる黒目川の別名「久留米川」
に市名が由来する水の街。支流の落合川
は岸に遊歩道が整い、散歩の足取りも軽
い。「平成の名水百選」に選ばれた南沢湧
水群を見に行こう。

5月下旬、南沢氷川神
社の近くに咲いていた
アヤメ。「あやめもしら
ぬ恋もするかな」の花

86

南沢緑地の入口に鎮座する南沢氷川神社

澄んだ水の流れる川辺で憩う

　東久留米駅から住宅地を10分ほど歩いて落合川の岸に出ると、清らかな水が流れている。平地の川の水は「きれい」といっても山あいの渓流に比べれば濁っているものだが、ここは湧き水がそのまま流れてくるのだろう、澄み切っている。実際、「落合川と南沢湧水群」として、環境省の「平成の名水百選」に東京都で唯一選ばれた。

　南沢緑地で湧いた清冽な水は、いかにも水の神といった趣の氷川神社の社前を流れる。氷川神社は荒川や多摩川や武蔵野の水辺に多いが、社名は素戔嗚尊の八岐大蛇退治の神話で有名な出雲の斐伊川にちなむという。

　落合川の遊歩道の途中には「落合川いこいの水辺」と呼ぶ河原がある。近所の人が集い、子どもたちが遊ぶ様子を眺めていると、都会に居ながら川や緑のある暮らしを上手に楽しんでいる人たちに感心させられる。

林の中の泉からあふれ出る水

　東久留米駅から落合川の美鳥橋に出て、上流に向かう。両岸に遊歩道があり、どちらを歩いても快適。とはいえ、「落合川いこいの水辺」で休憩するには、川の北側を歩くとよい。

　毘沙門橋から南沢氷川神社に参拝。鳥居前の道のわきを流れる水の源をたどるように西に進むと、100メートルほどで小橋がある。渡って、南沢緑地に分け入ってみよう。林間にとうとうと流れる小川があり、この緑地に湧く水の量の多さに驚くことだろう。

　南沢緑地からは北に歩いて落合川の本流に出て、川に沿って下り、毘沙門橋から遊歩道を歩いて東久留米駅へ戻る。美鳥橋の一つ下流の立野二の橋から駅に向かう道は、近隣の人たちが植えた花がきれいだ。住民がこの街を愛している様子が伝わってくる。

左）美鳥橋から望む落合川。両岸に遊歩道がある
右）南沢緑地の奥から豊富に流れてくる清水

縄文時代の遺跡がある六仙公園

南沢緑地で引き返さず、林間の小道をそのまま進むと、上り坂になり、緑地の南側の東京都水道局の南沢給水所のわきを通る道に出る。西に歩くと、給水所の柵の間から眼下に水の湧き出す泉が見える。さらに西に進むと、六仙公園に至る。芝生の「みはらし広場」は、休憩や弁当を広げるのに適してい

六仙公園のみはらし広場

る。園内には、縄文時代の六仙遺跡を整備した「縄文の丘」もある。縄文時代の住居跡は、八ヶ岳の麓などでも清水の流れる沢が近くにある高台に多く、南沢湧水のそばのこの地は、いかにも縄文人が好みそうだ。それは現代人にとっても居心地のよい場所で、南沢の清流と緑の散策は心が豊かになった感じがする。帰りは南沢緑地に戻ってもよいが、公園から南東に徒歩約10分のイオンモール東久留米にバス停もある。

⟨ information ⟩

👟 1時間15分

🚃 行き／西武池袋線「東久留米駅」
帰り／西武池袋線「東久留米駅」

🕐 東久留米駅（10分）美鳥橋（10分）落合川いこいの水辺（10分）毘沙門橋（5分）南沢氷川神社（10分）落合川水生公園（20分）立野二の橋（10分）東久留米駅

📍 **東久留米市役所**
TEL.042-470-7777

23

空と緑を眺めて、川の堤を歩く一日
柳瀬川と清瀬金山緑地公園

柳瀬川の堤の道。急いで行くべきところは特にない。景色を楽しみ、のんびり歩こう

柳瀬川の岸辺の散歩は、中流域がのどかで楽しい。武蔵野を流れる川の堤の道は、コナラやクヌギの雑木林の道とは異なる自然や風景が広がる。川面を渡る風も心地よく、流れに沿ってどこまでも歩いて行きたい気分になる。

コサギは柳瀬川をはじめ武蔵野の水辺でよく見る鳥。頭の長い冠羽がおしゃれだ

狭山丘陵を源に荒川に注ぐ水

柳瀬川は狭山丘陵の狭山湖や多摩湖の谷を源として東に流れ、荒川支流の新河岸川に注ぐ。上流部は屈曲が激しく川沿いに歩くのは難しいが、中流域の川筋は伸びやかで散策に向く。

清瀬市の柳瀬川と支流の空堀川沿いには「柳瀬川回廊」と呼ぶ約4キロの散策コースが整備されている。とりわけ、金山橋と城前橋の間の約1.5キロの堤は、のどかな風景が広がって気持ちよい道だ。金山橋のたもとには清瀬金山緑地公園があり、池のほとりや河原でのんびり時を過ごすのに向く。洪水対策のための金山調整池もふだんは緑豊かな水辺で心が安らぐ。

散歩というよりも食べ物、飲み物を持って、ハイキングやピクニックの気分で出かけ、金山橋と城前橋の間の両岸を歩いて往復してみよう。きっと野の草花や野鳥の姿を楽しめる。

柳瀬川回廊をたどる

秋津駅から東に歩き、明治薬科大学の前を過ぎて、柳瀬川の支流の空堀川

東福寺の白い大きな観音像

の梅坂橋を渡ると「柳瀬川回廊」の起点の標識がある。川に沿って下り、石田橋まで行くと右手に緑道があるので、そちらに進む。水路沿いの緑道をたどると、清瀬橋のたもとで柳瀬川の河岸に出る。松柳橋まで来たら、北側の岸に渡った方が清瀬金山緑地公園に近い。公園には大きな池がある。金山橋付近の河原に下りて遊ぶ人も多い。

公園で休んだら、城前橋まで往復してみよう。何もない野道が真っすぐ続いているように見えるが、池畔のヤナギの林、川岸のエノキの木立、カワセミやサギといった水鳥など、川の流域ならではの自然が広がっている。

帰路は金山橋から北に歩き、東所沢駅まで歩いてはどうだろう。途中にある東福寺の白い観音像は壮観だ。

左）金山緑地公園の広い池　右）金山橋付近の河原。水の事故には注意しよう

滝の城跡の神社から武蔵野を眺望

城前橋の北の丘は山城だった。上ると城山神社が鎮座し、滝の城跡の碑がある。境内からは東南方面の視界が開け、眼下の武蔵野線を列車が行き交い、清瀬市や新座市を一望。柳瀬川を天然の堀とした要害の地で、山中には空堀や郭の跡が残る。堅固な城のように見えるが、落城している。戦国時代、小田原を拠点に関東

城山神社と滝の城跡。境内からの眺めがよい

に覇を成した北条氏の一族で、滝山城や八王子城の城主、北条氏照の城だった。江戸時代の地誌によると、豊臣秀吉の小田原征伐の際、敵は「東南の方よりよせ来るべし」と待ち構えていたところ、案に相違して不意に「北の方」から襲ってきたため落城したという。古城の散策は人生の教訓になる。帰路は城跡から西に向かい、県道を歩いて東所沢駅に出ることもできるが、柳瀬川沿いの道の方が遠回りでも自然豊かで、歩いて楽しい。

information

👟 2時間25分

🚃 行き／西武池袋線「秋津駅」
帰り／JR武蔵野線「東所沢駅」

🕐 秋津駅（15分）梅坂橋（15分）清瀬せせらぎ公園（20分）松柳橋（15分）清瀬金山緑地公園（5分）金山調整池（20分）城前橋（25分）金山橋（30分）東所沢駅

ℹ️ **清瀬市役所**
TEL.042-492-5111

24

湖畔の眺望とハナショウブの名所

多摩湖と北山公園

北山公園の菖蒲苑は木道や休憩所が整備されて
いて、気軽に花を楽しむことができる

狭山丘陵は、武蔵野に浮かぶ「緑の島」
によくたとえられる。多摩湖のダムに立つ
と、湖の果てに山々が連なり、どこか遠く
の観光地を旅している気分になる。北山
公園は、梅雨入り直前のハナショウブが
咲くころに訪ねたい。

ハナショウブの品
種は極めて多彩。
自分の好みの花を
探してみよう

水道水を守る湖畔の森

　狭山丘陵の多摩湖と狭山湖は、多摩川の水を引き込んだ貯水池。多摩湖は村山貯水地、狭山湖は山口貯水池の愛称だ。ためた水は、東村山や境の浄水場に送られ、都民の水道水になる。

　多摩湖のダムの上からは、遠く奥多摩の山々が見える。円筒に円屋根を載せた取水塔が、風景にエキゾチックな雰囲気を添えている。桜咲く春、青葉茂る夏、小春日和の晩秋、遠くの山々が白くなる冬。いつ訪れても絶景だ。

　北山公園の散策は、何といっても「菖蒲（しょうぶ）まつり」がおこなわれるころがいい。それも花の色が一段と鮮やかによく輝く晴れた日がよいのだが、ハナショウブの花期は入梅のころで、出かけるタイミングが難しい。朝起きて青空だったら、よほど大事な用事がなければ、思い切って出かけよう。美しい花を前にして後悔することは、きっとないだろう。

ダム見物も初夏の花見も帽子は必携

　多摩湖から北山公園に向かうコースだが、ハナショウブの花期は東村山駅から北山公園に直行した方がよい。花は朝の日の光で眺める方が、みずみずしい。それ以外の季節は多摩湖の眺望を満喫してから先に進もう。

　武蔵大和駅から狭山公園の南門へ。登山をするように森の道を上っていくと、ダム南側の取水塔の前に出る。絶景だが、ダムの上は日差しをさえぎる物がないので帽子を忘れないこと。

　ダムの上を対岸まで歩いたら、西武園駅を目指して下る。同駅からは下宅部（しもやけべ）遺跡はっけんのもりを経て、八国山（はちこく）たいけんの里へ。館内には縄文時代の下宅部遺跡の出土品が展示されている。

　たいけんの里を出たら北山公園へ。北に横たわる八国山の緑が美しい。帰りは、近くの正福寺に国宝の地蔵堂があるので、ぜひ立ち寄ろう。

八国山たいけんの里は考古学ファンにおすすめ

左）絵はがきの風景のような多摩湖の取水塔　右）正福寺の地蔵堂は室町時代の禅宗建築

八国山緑地から徳蔵寺の板碑保存館

八国山たいけんの里から北に踏切を渡ると、八国山緑地の入口がある。標高100メートルに満たない山だが、足を滑らせたりしないよう、山道も歩ける靴をはいて行こう。雑木林の間を尾根まで上り、東に向かうと「将軍塚」と刻んだ大きな石碑がある。新田義貞が鎌倉

八国山緑地はハイカーに人気がある

幕府軍と戦った久米川合戦のとき逗留した地と伝える。近くに「元弘青石塔婆所在趾」と刻んだ碑もある。現在、麓の徳蔵寺の板碑保存館に展示されている「元弘の板碑（国の重要文化財）」が立っていた地だ。板碑は石製の卒塔婆で鎌倉時代から室町時代の関東地方に多い。徳蔵寺の保存館は中世の社会や文化に関心がある人におすすめ。この地域の歴史に興味がわいたら、東村山駅まで歩く間にある東村山ふるさと歴史館にも入ろう。

⟨ information ⟩

👟 1時間50分

🚃 行き／西武多摩湖線「武蔵大和駅」
帰り／西武新宿・国分寺・西武園線「東村山駅」

🕐 武蔵大和駅（5分）狭山公園南門（15分）多摩湖の取水塔（45分）下宅部遺跡はっけんのもり（10分）八国山たいけんの里（10分）北山公園菖蒲苑（10分）正福寺千体地蔵堂（15分）東村山駅

🏛 **八国山たいけんの里**
開館時間9時30分〜17時／月・火曜（祝日の場合は翌平日）・年末年始休／入場無料／東京都東村山市野口町3-48-1／TEL.042-390-2161

🏛 **徳蔵寺　板碑保存館**
拝観時間9時〜17時／月曜休／拝観料高校生以上200円、中学生以下100円／東京都東村山市諏訪町1-26-3／TEL.042-391-1603

📍 **東村山市役所**
TEL.042-393-5111

（25）

木もれ日の道を歩き、毎日でも訪ねたい

玉川上水緑道と東京都薬用植物園

新緑の玉川上水緑道を行く。木々が高く、下枝
がないため、見通しが利いて安心して歩ける

東京都薬用植物園は便利だ。多くの植物
が薬の原料や染料、香料などになるから
だろう「名前は知っているが、見たこと
はなかった」という草花に出合える。武
蔵野の真ん中を横断する玉川上水緑道を
歩いて、一度行ってみよう。

玉川上水駅は西武
拝島線と多摩モノ
レールが交差して
いる

95

左）東京都薬用植物園は草花愛好家に人気がある　右）上水小橋で玉川上水の水面まで下りてみよう

武蔵野の歌に詠まれた幻の草花

　東京都薬用植物園は研究のための施設だが、一般に公開されており、年間を通して珍しい草花を観賞できる。『万葉集』や『古今和歌集』など古典文学に武蔵野の情景を表す植物として登場し、現在では幻の存在になってしまったムラサキやオケラ（万葉時代はウケラ）の花も、ここは栽培している。園内には、山野草の茂るロックガーデン、武蔵野の雑木林のたたずまいを残す林地、ムユウジュやヒスイカズラなどの珍しい花の咲く温室もある。敷地が広くないのは利点でもあり、図鑑を開くような手軽さで多種多様な植物の実物を観察することができる。

　薬用植物園の最寄り駅は東大和市駅だが、玉川上水駅から玉川上水緑道を歩いて行ってみよう。玉川上水の岸は、福生市から杉並区まで緑道が整備されているが、特に緑の豊かな区間だ。

上水小橋で流れる水を眺める

　玉川上水駅の南側に出て駅前を流れる玉川上水の南岸を東に歩く。水路の中に小平監視所の設備が見える。羽村堰で取水した多摩川の水の大半は山口・村山貯水池へ送られるが、一部はここまで流して浄水場に送る。

　左手の坂道を下ると、上水小橋がある。この地点から玉川上水を流れる水は、下水を処理した再生水。それでも水の流れている水路を見るのはうれしい。玉川上水の水面まで下りることができるのも貴重な体験になる。

　上水小橋で対岸に渡り、玉川上水の北側の緑道を東に歩く。新緑、紅葉のころは、ひときわ美しい道になる。

　小川橋のたもとに着いたら北に進み、東京都薬用植物園へ。帰りは東大和駅から乗車してもよいが、できれば、松の木通りも歩こう。昔は玉川上水の分水、野火止用水（のびどめ）が流れていた道だ。

松の木通りは西武線沿いの緑道

立川市の川越道緑地古民家園へ

玉川上水の小川橋から南西に延びる小川道を行き、「立川第四中学校東」の交差点で右折すれば、川越道緑地に古民家園がある。冠木門（かぶきもん）をくぐって入ると、江戸時代、砂川村（現在は立川市）にあった農家の母屋と蔵が移築、復元されている。

古民家園のアンズの木と小林家住宅

どちらも村の組頭を務めた家の建物で、農家にしては立派だ。組頭は名主、庄屋に次ぐ役職で、村政を補佐したという。母屋の小林家住宅には、客を応接する書院造の部屋がある。倉は質屋を営んでいた須﨑家が預かり物を納めていたようだ。

この古民家園は、歴史に興味がなくても楽しめる。母屋の前にアンズの大きな木があり、春、茅葺屋根（かやぶきやね）の家を背景に淡い桃色の花が咲く風情は、まるで昔話の『花咲か爺さん』の世界のようだ。

〈 information 〉

 1時間40分

行き／多摩モノレール・西武拝島線「玉川上水駅」
帰り／多摩モノレール・西武拝島線「玉川上水駅」

玉川上水駅（10分）上水小橋（30分）小川橋（15分）東京都薬用植物園の正門（5分）東大和市駅前（30分）上水小橋（10分）玉川上水駅

東京都薬用植物園
開園時間9時〜16時30分（10月〜3月16時閉園）／月曜（祝日の場合は翌日）・年末年始休（4月第3と第4月曜、5月月曜は開園）／入園無料／東京都小平市中島町21-1／TEL. 042-341-0344

川越道緑地古民家園
開園時間9時〜16時30分／月曜（祝日の場合は翌日）・年末年始休／入園無料／東京都立川市幸町4-65／TEL.042-525-0860

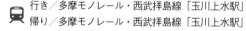

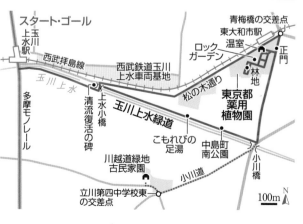

スタート・ゴール
上玉水川駅
西武拝島線
玉川上水
西武鉄道玉川上水車両基地
松の木通り
青梅橋の交差点
東大和市駅
温室
ロックガーデン
林地
正門
多摩モノレール
上水小橋
清流復活の碑
玉川上水緑道
こもれびの足湯
中島町南公園
東京都薬用植物園
小川橋
川越道緑地古民家園
小川道
立川第四中学校東の交差点
100m　N

こだいら
観光まちづくり協会
TEL.042-312-3954

26

1300年前の大伽藍と名水の地を周遊
史跡武蔵国分寺跡とお鷹の道

お鷹の道をのんびり歩いて真姿の池に向かう。春は
水路やそのわきの岸にシャガやカラーの花が咲く

歴史散歩好きの人なら、奈良時代、聖武
天皇の「国分寺建立の詔」により造営さ
れた国指定史跡の武蔵国分寺跡を一度は
訪ねておこう。自然散策派は、名水百選「お
鷹の道・真姿の池湧水群」のせせらぎの
小道をきっと気に入ることだろう。

史跡武蔵国分寺跡の中
心、金堂跡の礎石。春
は桜の名所でもあり、
石陰に花びらがたまる

左）武蔵野線の西側にある武蔵国分尼寺跡
右）真姿の池から階段を上ると都立武蔵国分寺公園

国分寺市は武蔵国のまほろば

　国の史跡に指定されている武蔵国分寺跡のある西国分寺駅の周辺を歩きまわっていると、奈良あたりで歴史探訪をしているような感慨を覚える。『古事記』に「大和は国のまほろば」、すなわち国の中で最もよいところだという歌がある。現在、国分寺市があるあたりは、奈良時代、「武蔵国のまほろば」だったのだろう。全国60余国に建立された官立の巨大な寺院、国分寺（僧寺の金光明四天王護国之寺と尼寺の法華滅罪之寺）を建てる場所は、武蔵国では、この地が選ばれた。史跡武蔵国分寺跡には、今も伽藍の礎石が残り、往時をしのばせる。西国分寺駅の東側は、武蔵野を流れる野川の源流があり、湧き水、せせらぎ、緑が多い。史跡武蔵国分寺跡以外にも古道や伝説の池もある。歴史に思いをはせながら散策を楽しもう。

ロマンあふれる史跡と名水

　西国分寺駅南口を出て、史跡通りを進む。高架をくぐり、縄文時代の住居跡を整備した武蔵台遺跡公園を経て、線路沿いの雑木林の道を南下。中世の鎌倉街道「上の道」と伝えられている古道だ。

　林を抜けると武蔵国分尼寺跡。武蔵野線をくぐり、府中街道を渡って史跡武蔵国分寺（僧寺）跡へ。史跡は広いが、金堂跡と七重塔跡の礎石は見ておこう。

　史跡の北にある現在の武蔵国分寺である医王山最勝院国分寺の前を東に行き、遊歩道「お鷹の道」をたどると、池と湧き水がある。環境省選定名水百選の一つ「お鷹の道・真姿の池湧水群」だ。名称は、周辺が尾張徳川家のお鷹場だったことと、玉造小町の伝説に由来する。

　湧き水の奥の階段を上れば、都立武蔵国分寺公園。西国分寺駅に戻る途中、東山道武蔵路の遺構を再生展示した施設があるので見学して行こう。

古代に建てられた武蔵国分寺は中世の新田義貞と鎌倉幕府軍の戦で焼失したという

傾城伝説の恋ヶ窪、姿見の池

大岡昇平の『武蔵野夫人』で主人公たちは、住まいのある「はけ」の家から野川をさかのぼり、恋ヶ窪にやってくる。同書には「伝説によればここは昔有名な鎌倉武士と傾城の伝説のあるところであり、傾城は西国に戦いに行った男を慕ってこの池に身を投げている」

姿見の池には水面を渡る木道がある

という記述がある。伝説の池のあたりを訪ねよう。鎌倉武士とは、畠山重忠のこと。往時、恋ヶ窪は街道の宿場として栄え、遊女がいたという。平家追討で西国に赴いた重忠が戦死したとの偽りの知らせを聞いた遊女は、悲しみのあまり自害する。境内に遊女を葬った「傾城墓」がある東福寺の少し南から、玉川上水の恋ヶ窪村分水を再現した水路が東に流れている。水際の小道をたどると、姿見の池がある。林と湿地に囲まれ、春は桜や野草の花が美しい。

⟨ information ⟩

 1時間40分

🚃 行き／JR中央本線・武蔵野線「西国分寺駅」
帰り／JR中央本線・武蔵野線「西国分寺駅」

🕐 西国分寺駅（15分）武蔵台遺跡公園（15分）武蔵国分尼寺跡（10分）史跡武蔵国分寺跡（5分）七重塔跡（10分）武蔵国分寺（10分）真姿の池（25分）東山道武蔵路遺構再生展示施設（10分）西国分寺駅

🏛 **武蔵国分寺跡資料館**
開館時間9時〜17時／月曜（祝日の場合は翌日）・年末年始休／おたかの道湧水園の入園料が必要　一般100円、中学生以下無料／東京都国分寺市西元町1-13-10／TEL.042-323-4103

🏛 **文化財資料展示室**
開館時間9時〜17時／月曜（祝日の場合は翌日）・年末年始休／入館無料／東京都国分寺市西元町3-10-7／TEL.042-323-3231

📍 **国分寺市教育委員会ふるさと文化財課**　TEL.042-300-0073

27

二つの清流が出合うおんだしを見に行く
矢川緑地から谷保天満宮

矢川（右）とママ下湧水からの清水川（左）が、
おんだしで谷保分水に合流する

国立市の南部に「おんだし」という場所
がある。それぞれ湧き水を源にする二筋
の清澄な小川が並列して流れ、水量豊か
に対等の関係のまま、田畑を潤す用水路
に注ぐ。川の流れを見つめ、人と人との
関係もこうありたいと思う。

谷保天満宮は立川
段丘の崖に鎮座し、
本殿裏には「常盤
の清水」が湧く

左）矢川いこいの広場では水面まで下りてみよう　右）湿地や樹林を木道でめぐる矢川緑地

武蔵野の美景、ママ下湧水とおんだし

　武蔵野には国分寺崖線以外にも段丘崖があり、あちこち水が湧く。西国立駅の南、矢川緑地付近で立川段丘の崖下の湧水を源にする矢川は、小さな川だが、澄んだ水がほとばしるように速く流れ、岸を歩くと気分爽快。

　矢川緑地の南には青柳段丘崖に「ママ下湧水」がある。ママは「はけ」と同じく崖の東国方言。古い言葉で、『万葉集』に詠まれた伝説の乙女、手児名の在所、真間（現在の千葉県市川市）も台地の下で崖があり、水が湧く。

　矢川とママ下湧水から流れ出た清水川は、府中用水の谷保分水に「おんだし」と呼ぶ地点で同時に注ぐ。二筋の清らかな川の水が、押し出されるようにふんだんに流れてくる風景は珍しく、一度見ると記憶に残る。

　谷保天満宮も境内に湧水の池があり、流れ下った水は田に注いでいる。

懐かしい田園風景を求めて

　西国立駅を出て南へ。踏切を渡り、みのわ通りをさらに南下すると、左手に矢川緑地に下りる階段がある。矢川緑地は湿地や水辺に木道が設置され、山の中でも歩いている気分だが、抜けると閑静な住宅地。いこいの広場で休憩して先に進もう。このあたりは近年まで農地だったのだろう、川岸のあちこちに野菜の洗い場が残っている。

　甲州街道を渡って、さらに南へ。道路右側の崖下にママ下湧水公園が見える。このあたりから「おんだし」にかけて、懐かしい農村の風景が広がる。学校が休みの日には子どもたちが集まり、小川で魚をすくって遊ぶ。

　おんだしからは、用水路の流れに沿うようにして東に向かう。くにたち郷土文化館を見学して、古民家のある城山公園へ。さらに東に歩き、谷保天満宮に参拝したら、谷保駅に向かおう。

青柳段丘の崖下に水が湧くママ下湧水公園

春は桜並木の大学通り

国立駅と谷保駅を結ぶ約2キロの大学
通りには、桜がたくさん植えられてい
る。両駅のほぼ中間にある横断歩道橋
からの春の眺めは絶景だ。国立の街は、
大正末、学園都市構想に基づき、武蔵
野の雑木林を開発して生まれた。昭和
7（1932）年、高名な俳人、高浜虚子
を中心とする武蔵野探勝会の一行が、
吟行で国立駅前を訪れたときの記録に

大学通りの歩道橋の上から国立駅方向
を望む

は「満州の街外れにでも佇んでゐるよう」「いつかう発展しさうもない」「広
い道路ばつかり立派」など、桜を植樹する前の寂しい町並みが記されている。
現在の明るく繁華な大学通りと比べて隔世の感がある。学校が多い国立の街
には、桜の花がよく似合う。横断歩道橋からは谷保駅に戻らず、国立駅まで
お花見散歩がおすすめ。

⟨ information ⟩

 2時間

🚃 行き／ JR 南武線「西国立駅」
帰り／ JR 南武線「谷保駅」

🕐 西国立駅（15分）矢川緑地（15分）
矢川いこいの広場（20分）ママ下湧
水公園（10分）おんだし（15分）く
にたち郷土文化館（15分）城山公園
（25分）谷保天満宮（5分）谷保駅

🏛 くにたち郷土文化館
開館時間9時〜17時／
第2・4木曜（祝日の場
合は翌日）・年末年始休
／常設展示は無料／東京都国立市谷
保6231／ TEL.042-576-0211

📍 国立市 生活環境部
まちの振興課 商工観光係
TEL.042-576-2111

28

春が来たら楽園のような花畑を歩こう
昭和記念公園の花の丘

みんなの原っぱの菜の花畑。桜が満開のころ菜
の花も咲く。黄色い海が春風で揺れる

春の昭和記念公園は、桜、チューリップ、
菜の花、ネモフィラ、シャーレーポピーの
花盛り。カモミール、ヤグルマギク、ハナ
ビシソウなどが咲くブーケガーデンも華
やか。一日いると、うららかな眺めと花の
よい香りで、心が豊かになる。

立川駅北口ペデストリ
アンデッキの像。昭和
記念公園は米軍基地の
前、立川飛行場だった

春色で心が満たされる幸せな休日

　昭和記念公園は1980年代、米軍立川基地跡に建設された公園で、とにかく広い。そこに四季折々、美しい花が咲く。特に春の眺めは素晴らしい。渓流広場のチューリップガーデン、ハーブの丘のネモフィラ、みんなの原っぱの菜の花畑、色とりどりの草花が咲き乱れるブーケガーデン、桜の園のソメイヨシノ。花に埋もれた小道をさまよっていると、何だか天国に近い場所にでもいるような気分になる。花の丘のシャーレーポピーも壮観。満開のころは一面真っ赤な火の色になり、足を踏み入れると、まさに「君もコクリコ、我もコクリコ」の世界。なお、花の種類は年により変わる。

　園内には花畑だけでなく、こどもの森、水鳥の池、日本庭園、盆栽苑、こもれびの丘、武蔵野の農村の暮らしを再現した「こもれびの里」などもあり、幅広い世代の人が休日を満喫できる。

日本庭園や農家にも行ってみよう

　JR立川駅西北口、または多摩モノ

カナールや噴水の景色を楽しみながら進む

レール立川北駅から昭和記念公園あけぼの口へ。みどりの文化ゾーン（無料区）を通り、立川ゲートから入園。

　イチョウ並木が印象的なカナール（水路）や噴水を過ぎ、残堀川に架かる橋を渡ると、巨大な池。ここの眺めを楽しむか、対岸のボートハウスの広場でひと休み。池の西岸から北に歩くと、春はチューリップが水辺を美しく彩る渓流広場。渓流をまわり込むと、みんなの原っぱ。広い草原の中央には大きなケヤキの木がぽつんと一本そびえ、原っぱの縁には東、西、南に花畑、北に桜の園がある。この原っぱで引き返してもよいのだが、できれば、日本庭園や盆栽苑、農家と畑のある「こもれびの里」にも足を延ばそう。庭園の木々や畑の農作物も花と同様、季節の移ろいを教えてくれる。

左）2023年5月、花の丘を真っ赤に染めたシャーレーポピー
右）渓流広場のチューリップガーデンは外国の風景のよう

GREEN SPRINGS（グリーンスプリングス）のスカイデッキ

多摩地域の商業の中心地として栄える立川駅の周辺は、再開発が続き、常に新しい街並みが生まれている。北口にあるGREEN SPRINGSは、店舗、オフィス、ホテル、ホールなどが入った新しい複合施設。昭和記念公園に隣接していることを意識して、施設内に緑をふんだんに植

昭和記念公園の広大な緑を一望に収める

え、約1万平方メートルの広場を設け、訪れた人が自由に歩いたり休憩したり、楽しめる空間になっている。カスケード（人工の滝）の長い階段を上がった屋上には、スカイデッキがあり、西側が開けているため、昭和記念公園を見渡せる。眼下に広がる公園は、緑の絨毯のよう。晴れていれば、奥多摩や丹沢の山々、富士山まで見える。空が広く、夕景も素晴らしい。武蔵野の美しさを実感できる新名所だ。

information

👟 2時間23分

🚃 行き／JR中央本・青梅・南武線「立川駅」、多摩モノレール「立川北駅」
帰り／JR中央本・青梅・南武線「立川駅」、多摩モノレール「立川北駅」

🕐 立川駅（10分）昭和記念公園あけぼの口（8分）立川ゲート（15分）水鳥の池（25分）渓流広場（5分）みんなの原っぱ（10分）日本庭園（10分）こもれびの里（60分）立川駅

🏛 **国営昭和記念公園**
開園時間9時30分〜17時（11月〜2月16時30分、4月〜9月の土日祝18時）／年末年始・1月の第4月曜とその翌日休／入園料高校生以上450円、65歳以上210円、中学生以下無料／東京都立川市緑町3173／TEL.042-528-1751

📍 **立川観光コンベンション協会** TEL.042-512-5270

29

花びら流れる水辺で春を惜しむ
根川緑道と多摩川

桜花爛漫の根川緑道。水辺の草地に花見客、流れ
に入って遊ぶ子ども。春の根川はのどかだ

根川はふだん「こんな場所に水が流れて
いたか」と思うような目立たない小川だ
が、桜が咲くと、にぎやかな声が岸にこ
だまする。夏、静かな緑陰を歩くのもいい。
冬枯れの水辺に「一枝の影も欺かず」の
句碑を見に来るのも一興。

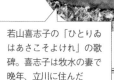

若山喜志子の「ひとりゐ
はあさこそよけれ」の歌
碑。喜志子は牧水の妻で
晩年、立川に住んだ

左）残堀川の岸の道を歩いて普濟寺に参ろう
右）普濟寺の楼門には聖徳太子像が安置してある

詩情をそそる小川の小道

　立川市南部の柴崎町を流れる根川は、昔のような自然の小川ではなく、人工のせせらぎなのだが、水辺の道は心地よい。根川緑道は、西は残堀川の堤から東は貝殻坂近くまで約1.5キロ続き、花見の名所として人気がある。川をおおうように咲く桜は、風が吹くと水面に散る。花を浮かべて流れる水は風情がある。葉桜のころはヤマブキやコウホネの黄色の花が鮮やかだ。

　根川緑道は「詩歌の道」としても整備され、句碑、歌碑が多い。最も知られている作品は、中村草田男の「冬の水一枝の影も欺かず」。昭和8（1933）年、武蔵野探勝会で立川の普濟寺を訪れたときの作。普濟寺は根川緑道の西端から残堀川の岸をさかのぼった高台にある。中世の豪族、立川氏が居館に建立したという古刹で、国宝「六面石幢」を所蔵（新収蔵施設への移設に伴う保存修理中のため、当面は拝観停止）している。

せせらぎの道から多摩川の土手へ

　柴崎体育館駅から南の多摩川の方に歩くと、5分ほどで根川緑道。まずは西に向かおう。草田男の句碑を見て、あずまやで休み、小橋を渡り、のんびり進む。若山喜志子の歌碑を過ぎると緑道は終わり、残堀川の岸に出るので上流に歩く。春は桜、コブシ、ツバキの咲く道。JR中央本線の橋梁の手前で右手の高台に上り、普濟寺へ。拝観したら住宅地の道を下って根川緑道へ戻る。

　次は緑道を東に向かう。柴崎市民体育館前を過ぎ、新奥多摩街道と甲州街道をくぐって進むと野球場があり、橋が架かっている。このあたりの桜木は枝を川面に伸ばして咲き、とりわけ美しい。

　貝殻坂橋からは多摩川の土手に出よう。奥多摩の山々を遥かに望む河原は、『春の小川』の歌詞のような可憐な根川の風景に慣れた目には途方もない広さに感じられ、驚くことだろう。

水辺にコウホネやヤマブキの花も咲く

甲州街道の日野渡船場跡を探訪

渡船は大正末に日野橋ができるまで存続した

『江戸名所図会』の「多磨川」の項に「この河は武蔵野の勝槩（優れた景色）にして、日野の津より以西は水石の美、奇絶もっとも多し」とある。津は渡船場のこと。江戸初期は青柳村（国立市）と万願寺村（日野市）の間に「万願寺の渡し」があったが、甲州街道が整備されて以降、柴崎村と日野宿の間の「日野の渡し」に変わったという。多摩川を隔て、立川市は錦町下水処理場の西側の道（旧甲州街道）に「日野の渡し碑」があり、日野市は土手に「日野渡船場跡」の説明板が立つ。往時、多摩川のこのあたりは、甲州街道を行き交う人でにぎわったことだろう。興味を持った人は「日野渡船場跡」まで歩いてみよう。遺構は何もないのだが、橋の上からの眺めは雄大だ。帰路は柴崎体育館駅に戻るよりも甲州街道駅の方が近い。

information

👟 1 時間 45 分

🚃 行き／多摩モノレール「柴崎体育館駅」
帰り／多摩モノレール「柴崎体育館駅」

🕐 柴崎体育館駅（5 分）根川緑道（5 分）中村草田男句碑（10 分）残堀川（15 分）普済寺（10 分）根川緑道（10 分）柴崎市民体育館（20 分）根川貝殻坂橋（10 分）日野橋（20 分）柴崎体育館駅

ℹ️ **立川観光コンベンション協会**　TEL.042-512-5270

〔30〕

夏はホタルも舞う日野台地の湧き水
黒川清流公園から浅川

東豊田公園付近を流れる農業用水路の豊田用水。水の流れを追うように歩いて行こう

日野市は日野台地や多摩丘陵に位置しながら「水都」を称している。決して誤りではなく、多摩川や浅川から引いた用水路があちこち流れ、台地の崖下には水が湧く。黒川清流公園に湧水を訪ね、豊田用水や浅川の岸も歩いてみよう。

豊田駅の東の跨線橋に上がると左手の高台の下に帯のように続く緑地が、黒川清流公園

左）堀之内緑道の手前には用水を使う水田が
ある　右）雑木林の縁を湧水が流れる黒川
清流公園

市街地に湧水と農業用水路

日野市は湧き水が多く、黒川清流公園や中央図書館下の湧水は「東京の名湧水57選」に選ばれている。農業用水路も多く、田植え前などの時期には、あふれんばかりに水が流れている。

黒川清流公園は日野台地の崖下に水が湧き、雑木林の縁に沿って流れてゆく。豊田駅から徒歩10分と近く、緑地の周囲には住宅が立ち並んでいるのだが、梅雨のころには数は多くはないとはいえ、水辺をホタルが飛ぶ。

黒川清流公園から浅川の方に下れば、農業用水の豊田用水がある。水をのぞき込むと水草の間にオイカワやウグイが群れて泳ぐ。用水路沿いには懐かしい田園風景も残っている。

浅川の土手に出ると、『万葉集』の時代「多摩の横山」と呼ばれた多摩丘陵が対岸に見える。その麓までが武蔵野であることを実感できる。

湧き水、用水路、川をめぐる

豊田駅北口から東に坂を下り、線路沿いを通り、住宅地を抜け、休憩に利用できるカワセミハウスの角を曲がれば、黒川清流公園のあずまや池。湧水池で規模は小さいがワサビ田がある。せせらぎに沿って進むと、清流がたまったわきみず池と大池もある。

豊田用水に向かうため、わきみず池から南に歩く。踏切を渡り、善生寺の大仏を過ぎ、坂道を下れば、東豊田公園の手前で豊田用水に出合う。用水路に沿って歩き、堀之内緑道を進む。このあたりは区画整理で歩行者用の道がたびたび切り替えられるため、遠回りしなければならないかもしれない。

浅川に出たら上流に歩き、一番橋へ。豊田駅に戻ってもよいが、川の風景が気に入ったら高幡不動駅を目指して南岸の堤を下流に歩こう。ウオーキングコースとして親しまれている道だ。

浅川の対岸の緑の山々は多摩丘陵

高幡不動尊のござれ市

高幡不動駅前の商店街を抜けると、高幡不動尊の仁王門前。お不動さまの縁日は毎月28日だが、それとは別に第3日曜には、古民具、骨董、古美術品などを商う店が立ち並ぶ「ござれ市」が、境内で開かれる。これが買っても買わなくても店を見て回っているだけで楽しめる。一

近年は外国人観光客の姿も見かける

度、日にちを合わせて訪ねてみるといい。伝統的な絵柄の花瓶や香炉や器、懐かしい玩具や置物、コレクターにはお宝の古銭や古いレコード。いろいろと欲しくなることだろう。掘り出し物を探すなら午前中がいいかもしれない。境内の五重塔のわきの坂道を上っていくと、頂上に高幡城址がある。冬のよく晴れて空気の澄んだ日などは、眼下に広がる武蔵野の彼方に都心の都庁のビルから日光の山々まで見える。堪能したら、高幡不動駅に戻ろう。

〈 information 〉

 2時間

行き／JR中央本線「豊田駅」
帰り／京王線「高幡不動駅」

豊田駅（10分）黒川清流公園あずまや池（10分）大池（5分）わきみず池（15分）東豊田公園（15分）堀之内緑道（20分）一番橋（25分）高幡橋（20分）高幡不動駅

カワセミハウス
9時〜21時30分／月曜（祝日の場合は翌日）・年末年始休／入館無料／東京都日野市東豊田3-26-1／TEL.042-581-1164

日野市観光協会　TEL.042-586-8808

埼玉県

武蔵野 エリア

小畔川の岸辺

平安時代の話なのだから無理だと思ってはいても『伊勢物語』に出てくる三芳野の里の面影を求めて、川越市の周辺を歩く。小畔川の流れる笠幡地区の田畑の景色は、昔の名残をとどめているように感じる。

31

類を見ない文化施設と飛行機がテーマの公園
ところざわサクラタウンから所沢航空記念公園

所沢市の新名所、ところざわサクラタウン。
優れたデザインの好奇心を刺激する建物群だ

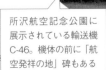

所沢航空記念公園に
展示されている輸送機
C-46。機体の前に「航
空発祥の地」碑もある

　ところざわサクラタウンのユニークな建物は一見の価値がある。所沢航空記念公園は広々として航空ファンでなくてもおすすめ。二つを結ぶ東川の岸は桜並木の遊歩道。桜が満開のころ、菜の花、ユキヤナギ、スイセンも咲く。

来た人を驚かす不思議な建物

　ところざわサクラタウンは、日本の
ハイカルチャーからポップカルチャー
まで紹介する施設として、2020年に
オープンした。敷地に足を踏み入れる
と、シュルレアリスムの画家ルネ・マ
グリットが描いた浮遊する巨岩の絵が、
地上に降りて実物になったような奇妙
な外観のミュージアムに圧倒される。
朱の鳥居が並んだ奥に鎮座するガラス
張りの斬新な社殿の神社も唯一無二の
建築だろう。名称のとおり、春は桜の
花が美しい場所でもある。

　ところざわサクラタウンから西に約
3.5キロ。所沢市役所に隣接して広大
な所沢航空記念公園がある。所沢は日

東所沢駅の駅舎も新しい文化を感じさせる

本で初めて飛行場が開設されたことか
ら「航空発祥の地」を称している。公
園の敷地は所沢飛行場の跡地で、戦後
は米軍基地になったが、1970年代以
降、返還が進み、市役所や公園ができ
た。園内には飛行機を数多く展示して
いる所沢航空発祥記念館があるほか、
野外にも航空自衛隊の輸送機や国産旅

巨大な岩のような角川武蔵野ミュージアム

左）鳥居と千木がなければ神社とは思えない建築　右）３月半ば、東川の岸はスイセンが花盛りだった

客機の YS-11 が置かれていて、今にも飛び立ちそうでわくわくする。

ところざわサクラタウンと航空記念公園の間には、両施設を結ぶように東川が流れる。川岸の桜並木の美しさは地元では有名。おすすめの散歩コースだ。一度、のんびり歩いてみよう。

東川の岸は花の散歩道

東所沢駅を出て南に歩くと、23 コースの「清瀬金山緑地公園」も近いが、今回は、ところざわサクラタウンを目指して北に向かう。歩道のマンホールに人気アニメや所沢市のキャラクターが描かれていて退屈しない。所沢市のイメージマスコット「トコろん」の頭のプロペラは飛行機をイメージしているらしい。所沢市民にとって「日本の航空発祥の地」は誇りだ。

ところざわサクラタウンに到着したら角川武蔵野ミュージアムの建物を見上げて、だれもが驚くことだろう。隣に鎮座する武蔵野坐令和神社（むさしのにますうるわしやまとのみやしろ）は、飛鳥坐神社（あすかにいます）などにある社号の「坐」の字に武蔵野を鎮める神らしさが表れているようでありがたい。

ブリッジで東川の北岸に渡って遊歩道を西に行く。東川の水は狭山丘陵に発し、柳瀬川に合流して荒川になる。このあたりの岸辺は家々の間に畑や寺社があり、いつもは静かな遊歩道でも春は桜並木の見物客でにぎわう。

長栄寺の閻魔堂（えんまどう）を拝観して、所沢航空記念公園へ。園内は広くて迷いそうだが、放送塔を目当てに進めば、C-46 の機体と「航空発祥の地」碑がある。航空公園駅前の YS-11 とともに、この公園のシンボルなので、ぜひ見てから帰ろう。

長栄寺で大きな閻魔像を拝観しよう

所沢航空発祥記念館の見学がおすすめ

館内は地上から空中まで航空機がいっぱい

所沢航空記念公園内にある所沢航空発祥記念館は、これまで飛行機に関心のなかった人でも楽しめる施設。入館すると広い空間に航空機が多数展示されていて、見て回るにはかなり歩きまわることになる。宙づりの機体は実際に飛んでいるようで迫力があり、地上に展示された機体は操縦席などを間近に見ることができる。2階に上がると、飛行機やヘリコプターのフライトシミュレータなども楽しめて、あっという間に時間がたつ。

日本の航空史の黎明期の出来事や、所沢飛行場が日本初の飛行場として開設され、陸軍の飛行場や米軍基地を経て公園になるまでの経緯を説明したパネル展示なども、ほかの博物館では知り得ないことばかりで興味深い。

⟨ information ⟩

 2時間

🚃 行き／JR武蔵野線「東所沢駅」
　　帰り／西武新宿線「航空公園駅」

🕐 東所沢駅（15分）ところざわサクラタウン（5分）所沢市観光情報・物産館（35分）長栄寺（25分）松井橋（5分）所沢航空記念公園（25分）C-46輸送機（10分）航空公園駅

🏛 所沢航空発祥記念館
　　開館時間9時30分〜17時／月曜（祝日の場合は翌平日）・年末元日休／入館料（展示館）大人520円、小中学生100円／埼玉県所沢市並木1-13／TEL.04-2996-2225

ℹ 所沢市まちづくり観光協会　TEL.04-2935-3151

32

人が造り、努力して保った清流の風景
野火止<ruby>用<rt>のびどめ</rt></ruby>水、新座駅から史跡公園

野火止用水と平林寺の境内林の間の緑道を近所
の人は買い物やウオーキングに利用している

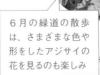

玉川上水で最も早くできた分水、野火止
用水に沿って歩いてみよう。開削の立役
者、川越藩主の松平<ruby>伊豆守信綱<rt>いずのかみのぶつな</rt></ruby>にちなみ
「伊豆殿堀」とも呼ぶ。野火止は用水がで
きるまで未開の原野だった。水の流れは
人の生活も風景も変えた。

6月の緑道の散歩
は、さまざまな色や
形をしたアジサイの
花を見るのも楽しみ

左）新座市民総合体育館そばの用水と緑道
右）史跡公園で本流と平林寺堀に分かれる

荒れ地を潤した野火止用水

　江戸時代前期にできた野火止用水は、多摩郡小川村（小平市）で玉川上水の水を分けて北東に流れ、新座郡の野火止新田（新座市）を潤した。野火止は武蔵野でもとくに水の乏しい地域で、昔は野焼きや焼き畑による農業が細々と行われ、野火を止めたり見張ったりする塚があったことから「野火止」という地名になったという。

　野火止用水の開削は幕府老中で川越藩主の松平信綱が行った。信綱は聡明な人物で「知恵伊豆」とたたえられ、野火止用水を「伊豆殿堀」ともいう。

　野火止用水は昭和の高度経済成長期に農業用水としての役目を終えたのだ

伊豆殿橋のたもと。史跡の説明板は勉強になる

が、歴史と自然を守る取り組みにより清流が復活。なかでも平林寺付近の用水沿いの緑道は散策して快適。水が流れる野火止用水は、武蔵野の「生きた史跡」だ。一度は歩いておこう。

平林寺の境内林に沿って流れる

　新座駅南口から「ふる里小道入口」と掲示された道を行き、南口公園を通って、野火止用水公園へ。同公園からは南に進み、歩道橋で国道254号の川越街道を渡ると野火止公園。ここから野火止用水沿いの散策が始まる。

　山下橋から伊豆殿橋までは、平林寺の境内林に隣接する道で緑豊か。畑などもあり、木々の葉や農作物やさえずる鳥が、季節を感じさせてくれる。

　伊豆殿橋からは陣屋通りを少し東に歩き、分水路の「平林寺堀」に沿って南下する。土地の低いところを用水が通過するための工夫「築堤」や「水路橋」を見ることができる。関越自動車道を渡ったら、体育館のわきの緑道を行く。史跡公園で用水の本流と平林寺堀が分かれる場所を見てからバス停へ。野火止用水は清瀬駅の方まで続いているが、歩くと遠い道のりだ。

禅の名刹、平林寺の山内を散策

山下橋付近から伊豆殿橋まで延々と続く平林寺の境内林。広さは13万坪もあり、国の天然記念物に指定されている。興味を持ったら境内東側の総門まで行き、入山してみよう。

茅葺の総門を入れば、静寂の境内が広がる
（金鳳山平林寺提供）

平林寺は、南北朝時代、現在のさいたま市岩槻区に創建された。戦禍により荒廃した寺は江戸時代に中興を果たし、徳川家家臣の大河内家が大檀那として寺を支えた。大河内家から長沢松平家の養子になった信綱は川越藩主となり、平林寺を野火止に移そうとしたが、住職に「池水澄処月無不至（池の水が澄んでいる処に月が行かないことはない）」、すなわち水のない所には行かれないと断られたという。その後、信綱は野火止用水を開削。野火止は水のある土地になり、川越藩主を継いだ子の輝綱は、平林寺を岩槻からここに移した。参詣したら境内を流れる野火止用水の平林寺堀にも目をとめてみよう。

⟨ information ⟩

 1時間45分

 行き／JR武蔵野線「新座駅」
帰り／西武バス「史跡公園バス停」

🕐 新座駅（15分）野火止用水公園（5分）野火止公園（10分）山下橋（25分）伊豆殿橋（25分）新座市民総合体育館（25分）史跡公園バス停

🏛 **平林寺**
入山時間9時〜15時30分／2月1日〜末日・12月31日休／入山料中学生以上500円、小学生200円／埼玉県新座市野火止3-1-1

📍 **新座市立歴史民俗資料館**（れきしてらす）
TEL.048-481-0177

33

絶景の湖と歴史探訪の一日散歩旅
狭山湖畔の寺社めぐり

冬の日、雪に映える金乗院の五重塔を見に行った。
雪道の散歩は足元が滑るので慎重に

狭山丘陵の奥で満々と水をたたえる水道
用の貯水池、多摩湖と狭山湖。北側の狭
山湖は、柳瀬川の源流にあたり、湖底に
沈む前は村があった。湖の東には、由緒
ある神社仏閣が多く、建物を見てまわる
だけでも興味は尽きない。

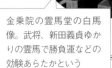

金乗院の霊馬堂の白馬
像。武将、新田義貞ゆか
りの霊馬で勝負運などの
効験あらたかという

121

左）台徳院勅額門は国の重要文化財
右）狭山湖の提体の道を歩く

古くから開けた狭山丘陵の麓

「逃げ水」が名物とされたほど水の乏しい武蔵野台地の真ん中でありながら、狭山丘陵の麓は水が湧くため、昔から集落があり、由緒ある神社や寺が多い。所沢の山口はとくに多く、中氷川神社は平安時代の『延喜式神名帳』に載る古社。金乗院は中世から観音霊場「山口観音」として知られた。

狭山湖（山口貯水池）の場所には、江戸時代、勝楽寺村などがあった。昭和初期にダムができた際に移ってきたため、山口はさらに寺社の多い地域になった。佛蔵院は朝鮮半島から渡来した人々が建立し、寺号を辰爾山仏蔵院勝楽寺といい、勝楽寺村の名はこの寺に由来した。上山口に鎮座する堀口天

満天神社も旧地は貯水池。狭山湖のダムから眺める風景は美しいが、人々が暮らしていた土地を沈めて造ったことも忘れないでいたい。

巡拝してわかることがある

西武球場前駅から「狭山不動尊」こと狭山山不動寺へ。昭和に建立した寺だが、港区芝の増上寺にあった台徳院（江戸幕府2代将軍徳川秀忠）霊廟の勅額門など貴重な建物が境内に立ち並び、古建築の愛好家は必見。

門前の道を進むと、金乗院の仁王門。新田義貞が鎌倉攻めの折、戦勝祈願したと伝わる古刹で、江戸中期造営の本堂のほか、中国風の堂塔が目を引く。

金乗院から狭山湖に向かう。湖の提体の散歩は絶景。奥多摩の山々まで見える。多摩湖（村山貯水池）の取水塔は円屋根、こちらは尖塔と、二つの湖で雰囲気が異なるのもよい。

北岸から提体の斜面を下り、狭山自然公園を出て、堀口天満天神社、中氷川神社、勝光寺、佛蔵院などをめぐってみよう。佛蔵院の境内に立つ縁起を刻んだ碑文は、狭山湖周辺の古代から近代の歴史を理解する助けになる。

佛蔵院の縁起を記した石碑

小手指の古社、北野天神社

古くから名社として知られ、国木田独歩の『武蔵野』の冒頭にも書かれている入間郡小手指原（現在は所沢市小手指元町）に鎮座している。江戸時代の名所案内『江戸名所図会』には、境内を俯瞰して描いた絵が大きく掲載されている。正式な名称は「物部天神社國渭地祇神社天満天神社」といい、三社を総称して北野天神社と称す。古代の

物部天神社と國渭地祇神社は延喜式内社

英雄、日本武尊が神社を創建し、境内に植えた山桜は「尊桜」と優雅な名がつく。天満天神社は平安時代に京都の北野天満宮から勧請された。
早春、境内に咲く紅白の梅は可憐で美しい。近郷近在の多くの人々から崇敬された神社で、湖底に沈む前、勝楽寺村の人々は、この宮の春祭に出かけるのを楽しみにしていたという話を読んだことがある。上山口から少し距離はあるが、私たちも歩いて訪ねてみよう。

⟨ information ⟩

 2時間30分

 行き／西武狭山線・山口線「西武球場前駅」
帰り／西武狭山線「下山口駅」

🕐 西武球場前駅（5分）狭山山不動寺（5分）金乗院山口観音（30分）狭山湖堤体（30分）堀口天満天神社（30分）中氷川神社（25分）勝光寺（15分）佛蔵院（10分）下山口駅

📍 所沢市まちづくり観光協会
TEL.04-2935-3151

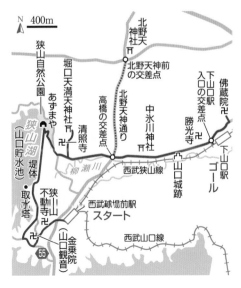

34

春は桜とカタクリの花、秋は池に映る紅葉
狭山稲荷山公園と彩の森入間公園

晩秋の彩の森入間公園の下池。紅葉が終わりに
近づいた木々と瑠璃色の空を水面に映す

狭山市と入間市の境に大きな県営公園が
二つある。狭山稲荷山公園と彩の森入間
公園。訪ねてみて、何だか少し日本離れ
した風景だなと感じたら、米軍基地の跡
地だからかも。花や景色を眺め、「平和は
いいなあ」と心から思う。

稲荷山に咲くカタクリ
の花。春の短い期間だ
け存在が輝くスプリン
グ・エフェメラル

米軍基地の跡地を活用した公園

桜の木が多く、花見の名所として親しまれている狭山稲荷山公園の散歩は、春がおすすめ。にぎわう園内を離れて公園の北側に行けば、緑地にカタクリがたくさん咲いている。風に揺れる薄紫色の花は可憐で美しい。斜面を上った見晴台からは、春霞の彼方に秩父や上州の山々がうっすら見える。

彩の森入間公園は、晩秋から初冬にかけての景色がいい。大きな池が二つあり、岸のメタセコイヤなどの木々が色づいて水に映るさまは、外国の公園の風景のようだ。ポプラやイチョウの黄葉も澄んだ青空によく映える。

これらの公園は米軍基地の跡地を整備してできた。二つの公園の間には、ジョンソン基地のころから共同使用していた航空自衛隊の入間基地がある。時々、ジェットエンジンの音が空に響き渡るのも両公園の特色だ。

稲荷山の見晴台と彩の森のテラス

稲荷山公園駅から道路を渡り、稲荷山公園の正門を入ると、桜並木の園路や松の木が点在する芝生広場が広がる。

彩の森入間公園の上池を見渡すテラス

春、カタクリの花を見るには、木道の小道を北に下り、公園を出て右折し、緑地の斜面に沿って進む。見晴台の下あたりが最も花が多いはずだ。

見晴台からは住宅地を通って公園に戻る。戦後、稲荷山には「ハイドパーク」と呼ぶ米軍将兵の家族用住宅があったが、その遺構はほとんどない。

稲荷山公園駅前の道に戻って、彩の森入間公園を目指そう。入間基地に沿って左折し、航空機の野外展示を柵越しに見ながら進むと、彩の森入間公園。園内には上池と下池があり、二つの池を結ぶせせらぎの景色も味わいがある。管理センターの横の上池を見下ろす「さいのもりテラス」でくつろいでいると、家路につく時間を忘れそうだ。

左）狭山稲荷山公園の桜並木の園路　右）見晴台から秩父の山々を望む

ジョンソンタウンの街並みを見学

彩の森入間公園の南、国道463号沿いに
「JOHNSON TOWN」の看板を掲げた建
物がある。国道から区画の通りに足を踏
み入れると白い板壁の平屋が立ち並び、
日本では珍しい光景が展開する。第二次
世界大戦の終戦後、アメリカ進駐軍の軍
人向けに建設された住宅「米軍ハウス」と、

ジョンソンタウンは道標までエキゾチック

それをもとに現代的に設計した家々だ。戦後、東京近郊には米国軍人用の住宅
が、代々木のワシントンハイツや練馬区のグラントハイツなど、各地にあった。
稲荷山のハイドパークにも米軍ハウスがあり、ジョンソン基地の返還後はアメ
リカ文化にあこがれる若者などが住んだが、現在は残っていない。ジョンソン
タウンの存在は歴史的に貴重なうえ、今も商店や住居として使用されていると
ころに意義がある。

⟨ information ⟩

 2時間

行き／西武池袋線「稲荷山公園駅」
帰り／西武池袋線「入間市駅」

稲荷山公園駅（2分）狭山稲荷山公園正
門（10分）愛宕神社（15分）カタクリ
群生地（3分）見晴台（25分）稲荷山
公園駅（30分）彩の森入間公園の上池（10
分）けやき通り（25分）入間市駅

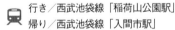 狭山市立博物館
開館時間9時〜17時／月
曜（祝日の場合は翌日）・
年末年始休／入館料一般
200円、高校・大学生150円、小中学
生無料／埼玉県狭山市稲荷山1-23-1／
TEL.04-2955-3804

狭山市観光協会　TEL.04-2953-1205
入間市観光協会　TEL.04-2964-4889

35

小江戸、川越の街のにぎわいを楽しむ
川越の蔵造りの町並みと新河岸川

大正浪漫夢通りの空を彩るたくさんの鯉のぼり。
例年、桜の咲くころから5月中旬まで泳ぐ

店蔵造りの商家が通りに立ち並ぶ川越の
街。黒漆喰の家並みには独特な風情があ
る。まるで広重が『名所江戸百景』で描
いた日本橋通一丁目の絵の中を歩いてい
るようだ。舟運で川越の経済を支えた新
河岸川は、今は桜の名所。

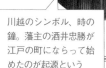

川越のシンボル、時の
鐘。藩主の酒井忠勝が
江戸の町にならって始
めたのが起源という

左）春、新河岸川の氷川橋付近は桜の名所　右）川越の町並みは国の重要伝統的建造物群保存地区

歩いて楽しい観光都市

　店蔵造りの商家が軒を連ねる川越。連日、観光客が通りをそぞろ歩く。しかし、1980年代ころの川越の街は、どちらかというと寂れている印象だった。それがこのにぎわいだ。伝統的な建物を大切にしたことが功を奏した。

　江戸時代の川越は、江戸の近くにある重要な城で、歴代の藩主は幕府要職の老中などだった。町を流れる新河岸川は、下れば江戸の隅田川に至り、舟運による商業も栄えた。藩主は武蔵野の新田開発にも力を入れ、開拓した畑にはサツマイモを植えた。江戸の町では「栗（九里）よりうまい十三里（江戸から川越までの距離）」と川越産サツマイモの焼き芋が評判になった。

三芳野神社の参道、石碑は『伊勢物語』の歌

　川越の家並みは、昔の江戸日本橋あたりの通りの様子を彷彿とさせるが、多くは明治26（1893）年の大火後、防火のため、蔵造りで再建したものだという。

大正浪漫夢通りから時の鐘

　本川越駅から北に歩き蓮馨寺まできたら、一筋東のレトロな雰囲気の商店街、大正浪漫夢通りを歩いてみよう。春は頭上を鯉のぼりがたくさん泳いで華やか。突き当たったら表通りに戻って北に。両側に店蔵造りの商家が並び、これぞ「小江戸川越」の景観。時の鐘を見て、菓子屋横丁に寄り道して、さらに北に進むと、新河岸川の東明寺橋。南岸を東に歩いて氷川橋へ。春は桜が美しく、心がはずむ道だ。

　氷川橋から川越氷川神社に参拝。縁結びなどの御利益で知られ、にぎわっている。10月の川越まつりは、この神社の例大祭の付け祭の山車行事。

　川越氷川神社からは、川越城に向かう。城内に鎮座する三芳野神社は、わらべ歌『通りゃんせ』の舞台という。

　時の鐘まで戻ったら老舗の店で名物の芋菓子でも買って駅に向かおう。

川越大師、喜多院に参詣

喜多院は徳川家康、秀忠、家光と将軍が3代にわたり帰依した天海大僧正が、住職を務めた寺。江戸上野の寛永寺ができるまで、東の比叡山こと「東叡山」は、この寺の山号だった。

平安時代の高僧、良源（慈恵大師、元三大師、角大師とも）をまつる慈恵堂

春は喜多院も桜の名所。花見客でにぎわう

と天海大僧正をまつる慈眼堂に参り、境内で名物の「厄除けだんご」を食べているだけでもよいのだが、江戸時代に江戸城の紅葉山御殿から移築した「三代将軍家光公誕生の間」と「春日局化粧の間」を一度は見ておきたい。五百羅漢の拝観も石像の表情が豊かでユーモラスなものもあり楽しめる。

⟨ information ⟩

👟 2時間5分

🚃 行き／西武新宿線「本川越駅」
帰り／西武新宿線「本川越駅」

🕐 本川越駅（15分）連馨寺（5分）大正浪漫夢通り（10分）時の鐘（5分）菓子屋横丁（15分）東明寺橋（15分）氷川神社（15分）川越城本丸御殿（20分）時の鐘（25分）本川越駅

🏛 **川越城本丸御殿**
開館時間9時〜17時／月曜（祝日の場合は翌日）・第4金曜・年末年始休／入館料一般100円、高校・大学生50円、中学生以下無料／埼玉県川越市郭町2-13-1／TEL.049-222-5399（川越市立博物館）

🏛 **喜多院　客殿・書院・五百羅漢**
拝観時間9時〜16時30分（日祝16時50分、11月24日〜2月16時、同日祝16時20分）／2月2日〜3日・4月2日〜4日・年末年始休／拝観料大人400円、小中学生200円／埼玉県川越市小仙波町1-20-1／TEL.049-222-0859

📍 **小江戸川越観光協会**　TEL.049-227-9496

新河岸川
桜並木
東明寺橋
氷川橋
川越市立博物館
札の辻の交差点
川越氷川神社
郭町の交差点
菓子屋横丁
時の鐘
川越城本丸御殿
三芳野神社
蔵造りの町並み
川越第一小
富士見櫓跡
大正浪漫夢通り
連馨寺
喜多院
連雀町の交差点
西武新宿線本川越駅
スタート・ゴール
200m　N

36

歌枕「三芳野の里」の風景を訪ねる
笠幡駅から小畔川の岸を歩く

小畔川の寺橋から道目木橋まで歩こう。田畑や
林の景色に三芳野の里の名残が感じられる

夏の野山や土手の道で
見かけるヤブカンゾウ。
八重咲きの橙色の花は
真夏の太陽のようだ

笠幡は小畔川沿いに田畑が残るのどかな
ところ。隣の的場は『伊勢物語』の「み
よしののたのむの雁」の歌が詠まれた三
芳野の里と伝わる。たのむは、田の面と
頼むの掛詞。このあたりは平安時代も水
田が広がっていたのだろう。

業平も訪れたか、三芳野の里

　川越市のあたりは、平安時代の美男子の歌人、在原業平の歌や逸話をもとにした歌物語『伊勢物語』に出てくる三芳野の里で、「みよしののたのむの雁もひたぶるに君が方にぞよると鳴くなる」の歌の舞台とされてきた。

　三芳野の里の場所は諸説あるが、江戸時代の書などは川越の城下町の北西、入間川を越えた的場を中心に笠幡から上戸あたりとしている。的場にはかつて、三芳野の塚や初雁池などの古跡があったという。上戸には中世の河越氏の館跡（国指定史跡）があり、古くから開けていたようだ。

　的場や上戸は住宅街に変わり、三芳野の里をしのぶのは難しいが、田畑が広がる笠幡の風景は面影をとどめている気がする。小畔川の岸に立つと一面が緑の沃野で、いい眺めだ。今日は小畔川沿いをのんびり歩こう。

道目木橋から下流の御伊勢橋へ

　笠幡駅を出たら少し東に行き、川越線を渡って小畔川に向かう。延命寺の前を通って寺橋へ。北から西にかけて

御伊勢塚公園の池畔は落ち着いた雰囲気

対岸に広がる田園風景が美しい。目的地とは逆方向だが、道目木橋まで岸を歩いてみよう。上流には奥武蔵の山々、対岸の田畑の奥には林を背にした農家。懐かしい田舎の風景が、ここには残っている。道目木という地名は水が音を立てて流れることから付いたのだろう。穏やかそうな小畔川だが、大雨が降ると荒れたのかもしれない。

　寺橋まで戻り、下流に歩く。宮下橋まで来たら地域の鎮守の尾崎神社に足を延ばして参拝するのもよい。宮下橋からは関越自動車道をくぐるため、左岸（下流に向かって左側）を歩く。御伊勢橋のたもとに着いたら橋を渡り、御伊勢塚公園へ。園内の池のほとりで休んだら、的場駅に向かおう。

左）武蔵野の散歩で水田風景を見るのは珍しい　右）御伊勢塚公園かっぱ広場のユニークな彫刻群

三芳野の里に戻った三芳野天満宮

的場駅に着いたら、駅から北に歩いて10分ほどの場所に鎮座している三芳野天満宮に参拝してみよう。この天神社は、もとは三芳野の里の三芳野塚の前に鎮座していたという。それを中世のころ、川越城の城内に移したところ、「神慮旧地を慕ひ給ふ」ため、江戸時代の初め、再び的

小さな社殿だが、三芳野の里ゆかりの宮

場村の法城寺の境内に移したとされる。神にも郷愁の気持ちがあり、それを人々が感得して助けたという話で興味深い。

川越の歴史を知りたくなったら少し遠いが、三芳野天満宮から北西に30分ほど歩くと、入間川沿いの常楽寺の裏手、上戸小学校の西隣に中世の河越館跡がある。ただし、広い草地に説明板は立っているが、復元された建物はなく、一般の人の歴史散策にはあまり向かない。

⟨ information ⟩

👟 2時間

🚃 行き／JR川越線「笠幡駅」
帰り／JR川越線「的場駅」

🕐 笠幡駅（15分）寺橋（10分）道目木橋（15分）田谷橋（15分）宮下橋（30分）御伊勢橋（5分）御伊勢塚公園（30分）的場駅

ℹ️ 川越市都市景観課　TEL.049-224-5961

37

古代日本の歴史と中国の宗教にふれる
勝呂の里と五千頭の龍が昇る聖天宮

勝呂神社の眺め。6月は夏越の祓（なごしのはらえ）
で茅の輪をくぐって健康を願う

坂戸市に勝呂神社や勝呂廃寺という遺跡
がある。現在の地名は江戸時代の村名か
ら石井や塚越だが、昔は勝呂や勝郷とい
い、古代に栄えた歴史ある土地だ。豪華
絢爛な道教の宮殿の拝観も海外旅行をし
ている気分になって楽しい。

勝呂神社のシンボル勝
虫を描いた絵馬で、勝
運を願ってみるのもよ
いかもしれない

武蔵国分寺よりも古い寺の遺跡

　古代の武蔵国には大きな寺がいくつもあったのだが、8世紀半ばに武蔵国分寺ができたことで衰退し、廃寺になった。滑川町の寺谷廃寺、日高市の女影廃寺や大寺廃寺など、武蔵国の廃寺は埼玉県が多く、古代武蔵野の経済・文化の中心は、埼玉だったようだ。

　坂戸市の勝呂廃寺は、7世紀後半の飛鳥時代に建立された。出土した瓦が、歴史民俗資料館に展示されている。

　勝呂廃寺の東南にある勝呂神社は、古墳の上に社殿が立ち、見晴らしがよい。地元の伝承では、古墳には『古事記』や『日本書紀』に登場する四道将軍の一人で東海に派遣された建淳河別命が葬られているという。

　現在は静かな田園だが、勝呂廃寺から1.5キロほど南に中国の宗教、道教の壮麗な建物がある。海外旅行をしている気分を味わえておすすめだ。

勝運の神社と壮麗な道教の宮

　北坂戸駅前からけやき通りを進み、突き当ったら左折して金内橋を渡る。

校舎を活用した懐かしい感じの歴史民俗資料館

国道407号に出たら渡って、東に向かう。国道付近は宅地化が進行中だが、東に向かうにつれて畑が多くなる。路傍には古びた小さな庚申塔などがあり、気持ちは次第に昔話の世界に引き込まれていく。勝呂廃寺の遺跡は「勝呂小学校入口」の交差点の北側。近くの歴史民俗資料館にも入ってみよう。坂戸市内で出土した人物埴輪なども展示され、意外に見ごたえがある。

　小高い場所から勝呂の里を見守る勝呂神社は、勝運の効験を誇り、「勝虫」のトンボをシンボルにしている。

　勝呂神社からは南に田畑の間の道を30分ほど歩き、輝くばかりに美しい五千頭の龍が昇る聖天宮に参ってみよう。陰陽の神杯を床に落として運勢を占うおみくじも珍しい体験だ。

左）勝呂廃寺の遺跡。飛鳥時代、ここに寺があった　右）五千頭の龍が昇る聖天宮は壮大で美しい

越辺川の冠水橋、島田橋を見に行く

勝呂廃寺の前の道を北に歩き、緩い坂道を下ると、関東平野を見渡すかのような広い水田が現れる。風にそよぐ稲を眺めながら前進し、用水路に沿って西に行き、〆松地蔵尊を過ぎて黙々と北に歩くと、やがて越辺川の堤に出る。馬頭観音などの石仏が10体ほど並ぶ堤

島田橋は上流側に流木よけが付いている

の斜面の階段を上ると、眼下に川が流れ、島田橋という名の木橋が架かっている。「冠水橋」や「沈下橋」と呼ぶ種類の橋で、増水して橋の上を水が越えた場合、流木などが引っ掛かって橋が壊れることを防ぐため、欄干が極端に低い。埼玉県に冠水橋は多いのだが、対岸の豊かな緑を背景にしている島田橋は簡素で風情があり、名橋だ。帰路は来た道を戻るのがおすすめだが、高坂駅に向かうこともできる。

⟨ information ⟩

👟 1時間55分

🚃 行き／東武東上線「北坂戸駅」
帰り／東武バス「戸宮交差点前バス停」

🕐 北坂戸駅（15分）金内橋（30分）石井の庚申塔（12分）勝呂廃寺（3分）歴史民俗資料館（10分）勝呂神社（35分）五千頭の龍が昇る聖天宮（10分）戸宮交差点前バス停

🏛 **坂戸市立歴史民俗資料館**
開館時間9時〜16時／土曜・日曜・祝日・年末年始休／入館無料／埼玉県坂戸市大字石井1800-6／TEL.049-284-1052

🏛 **五千頭の龍が昇る聖天宮**
拝観時間10時〜16時／無休／拝観料高校生以上500円、中学生250円、小学生以下無料（大人の付き添いが必要）／埼玉県坂戸市塚越51-1／TEL.049-281-1161

ℹ️ **坂戸市商工労政課観光推進係**　TEL.049-283-1331

(38)

縄文遺跡と戦国の城跡、二つの公園をめぐる
水子貝塚公園と難波田城公園

水子貝塚公園は広場に復元した竪穴住居が点
在。規模が大きく、八ケ岳や東北の遺跡のよう

富士見市には、国指定史跡にもかかわら
ず、あまり知られていない水子貝塚とい
う大きな遺跡がある。縄文時代は環状集
落だったという。戦国時代に滅びた武将
一族、難波田氏の城跡もある。歴史のロ
マンを感じさせる地域だ。

みずほ台駅前のポスト
は富士見市のマスコッ
トキャラクターが描か
れていてカラフル

左）古民家ゾーンの広場で休んでから帰ろう　右）難波田城公園は堀をめぐらした庭園のよう

縄文時代は海岸だった

　富士見市の市域は武蔵野台地と荒川沿いの低地にまたがっている。縄文時代、荒川流域は内陸部まで海だったため、市内に貝塚の遺跡がいくつもある。なかでも水子貝塚は規模が大きく、国の史跡に指定されている。輪を描いて分布する貝塚の下からは竪穴住居跡が発見され、縄文時代前期には環状の集落があったのだという。水子貝塚公園の草地の広場には復元した竪穴住居が立ち並ぶ。その風景はなかなか壮観で、武蔵野にこれほど大きな縄文遺跡があることに驚かされる。

　一方、難波田城公園は、中世の武士の城跡。城主の難波田氏は戦国時代、扇谷上杉方として北条氏と戦い、河

道標が多く、どちらの公園にも迷う心配がない

越夜戦で敗れて滅びた。園内には古民家を移築したエリアがあり、広場のケヤキの木陰のベンチでくつろいでいると、懐かしい気持ちになる。

あちこちに道標があり安心

　みずほ台駅の東口を出て、みずほ銀杏通りを端まで歩く。突き当ったら「水子貝塚公園・難波田城公園」の道標に従って進み、不動寺のわきを通り、水子貝塚公園に西門から入る。復元住居は、園内の南側に点在。縄文人の人形を展示した住居もあり楽しめる。展示館と資料館は、この地の縄文時代の自然環境や人々の生活がよくわかる。

　公園北側の正門を出て、大應寺の門前を東に歩き、水宮神社の角を曲がって北に向かう。新河岸川に架かる木染橋を渡って、さらに北に進み、「難波田城公園南」の交差点を右折。農地を背景に立つ路傍の石仏の前を過ぎれば、難波田城公園。東門から入り、城跡ゾーンと資料館を見て、古民家ゾーンに行こう。休憩には、旧金子家住宅前の広場がおすすめ。昔の駄菓子屋のような売店「ちょっ蔵」ものぞいてみよう。

新河岸川と富士見江川の合流地点

木染橋の上流に新河岸川と富士見江川の
合流場所がある。二つの川が落ち合って
一つになる風景をバックに河川管理境界
標が立っているだけで、何もないのだが、
それがいい。川の流路が整ったＹ字を描
いている様子から見て、自然そのままの

新河岸川（左）に富士見江川（右）が注ぐ

流れではなく、人がかなり手を加え、河川改修したようだ。しかしそれは、人
の営みと自然の調和が図られた風景であり、安らぎを感じる。あてもなく歩く
ことが散歩なら、その詩趣は名所旧跡めぐりではなく、このような変哲もない
風景に出合い、情景を心に刻むことにあるようにも思う。そして、石川啄木の
「柳あをめる北上」や宮沢賢治の「イギリス海岸」のように歌や俳句を作ったり、
自分だけの地名を付けたりするのもよさそうだ。

〈 information 〉

 1時間45分

 行き／東武東上線「みずほ台駅」
帰り／東武バス「難波田城公園南口バ
ス停」

🕐 みずほ台駅（30分）水子貝塚公園西門
（15分）水子貝塚展示館・資料館（10分）
木染橋（30分）難波田城公園東門（5分）
難波田城資料館（5分）古民家ゾーン（10
分）難波田城公園南口バス停

🏛 **水子貝塚展示館・資料館**
開館時間9時〜17時／月
曜（祝日を除く）・祝日の
翌日（土日祝を除く）・年
末年始休／入館無料／埼玉県富士見市
大字水子2003-1 ／ TEL.049-251-9686

🏛 **難波田城資料館**
開館時間9時〜17時／月曜（祝日を除
く）・祝日の翌日（土日祝を除く）・年末年始休／入館無料／埼玉県富士見市大字下
南畑568-1 ／ TEL.049-253-4664

 富士見市役所 TEL.049-251-2711

39

柳瀬川と新河岸川が流れるカッパの街
志木市のいろは親水公園

柳瀬川の堤の上を下流に歩く。高い建物がない
ため、空が広く、気持ちが晴れ晴れする

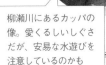

カッパ伝説のある柳瀬川の岸を歩いて志
木市の街中へ。この地は昔から水に縁が
あり、市役所前のいろは親水公園の名前
にも水にまつわる歴史が隠れている。だ
が、そんなことには頓着しない人にも、こ
の街の川の景色は美しい。

柳瀬川にあるカッパの
像。愛くるしいしぐさ
だが、安易な水遊びを
注意しているのかも

左）いろは親水公園にもカッパの像がいくつかある　右）いろは親水公園のカウンターデッキは快適

「いろは」は伊呂波樋（いろはどい）に由来

　志木市を散歩すると、あちこちでカッパの像に出合う。柳瀬川や新河岸川の流れるこの街は武蔵野台地にありながら水に恵まれ、人々は水とともに生きてきた。市役所近くの新河岸川の橋名が「いろは橋」というのは、江戸時代ここに野火止用水の水を対岸に送る懸樋（かけひ）「伊呂波樋」があったためだ。

　柳瀬川の栄橋の南の本町は、昔は引又町（ひきまた）といい、船荷を上げ下ろしする河岸（かし）があった。引又町は江戸や川越を結ぶ舟運（しゅううん）で栄え、周辺の村々の産物の集散地として市（いち）が立ち、店ができた。

　市役所前のいろは親水公園の中洲ゾーンの先端、柳瀬川と新河岸川の合流地点には、眺望を楽しめるテラスがある。風のない穏やかな晴れた日、デートやファミリーで訪れるとよさそうなところだ。もちろん、1人でやってきて、のんびりするのもいい。

柳瀬川の堤をのんびり下流へ

　柳瀬川駅東口から柳瀬川の堤に出て、富士見橋へ。広々とした風景が晴れや

かな気分にしてくれる。堤の上を下流に歩く。桜並木が木陰を作る快適な道だ。水際には釣り人の姿、浅瀬には純白のサギ。のどかな風景を眺めながら進むと、川の中にカッパの像がある。階段に腰かけて、休んで行こう。

　高橋の次の栄橋の周辺は、志木市の中心街。目的地のいろは親水公園は、市役所の前にある明治時代の薬店、旧村山快哉堂（むらやまかいさいどう）の裏手。柳瀬川と新河岸川が合流する中洲の先端にカウンターデッキと呼ぶ眺望テラスがあり、腰かけて、川の眺めを満喫できる。

　バスに乗って帰る前に、もし時間があれば、栄橋を渡り、「市場坂上」の交差点から南に延びる通りを少し歩いてみるとよい。繁栄の歴史を感じさせる古い商家の建物が、街角に残っている。

本町から移築した店蔵造りの旧村山快哉堂

敷島神社境内の田子山富士塚

本町の敷島神社の境内に田子山富士塚がある。明治5年に築かれた高さ約8.7メートル、直径約30メートルの大きな富士塚で、山頂には木花開耶姫命をまつる祠が鎮座。麓には里宮や御胎内と呼ぶ洞窟があり、斜面には講碑などが立ち並び、富士山を巧みに模している。富士塚は、江戸時代中期ごろから富士

重要有形民俗文化財の富士塚は郷土の誇り

講の信者が造り始め、関東地方には割と多いが、田子山富士塚のように良好な山容を保ち、しかも山開き、山仕舞いなどの行事を継承しているものは珍しいため、国の重要有形民俗文化財に指定された。雨天、猛暑日を除く大安・友引、年始（1月1日〜3日）、山開き（7月最初の週末）、山仕舞い（8月21日に近い週末）などには登拝できるので、日程を合わせて出かけてみてはいかがだろう。

〈 information 〉

 1時間

🚃 行き／東武東上線「柳瀬川駅」
帰り／国際興業バス「志木市役所バス停」

🕐 柳瀬川駅（7分）富士見橋（20分）カッパ像（8分）高橋（15分）栄橋（3分）旧村山快哉堂（2分）いろは親水公園カウンターデッキ（5分）志木市役所バス停

🏛 旧村山快哉堂
開館時間10時〜16時／火曜（祝日の場合は翌平日）休／入館無料／埼玉県志木市中宗岡5丁目／TEL.048-473-1134

📍 志木市観光協会
TEL.048-473-1111

40

荒川流域に残る貴重な花の名所
田島ケ原のサクラソウ自生地

大正9年、日本最初の天然記念物の一つに指定。
昭和27年に特別天然記念物になった

江戸時代、荒川の岸辺にはサクラソウの
名所があちこちにあり、人々は春になる
と、花見にくりだした。園芸種のプリムラ
の花も多彩で華やかでよいのだが、やは
り野に咲く可憐な花を見てみたい。自生
地に出かけてみよう。

田島ケ原に咲くサクラ
ソウの花。その名の通
り、花弁の形が桜の花
によく似ている

左）荒川の支流、鴨川のさくら草橋と昭
和水門　右）草原をよく見るとあちこち
に咲いている

荒川に春を告げる花だった

　かつて荒川の下流域は、春になれば、サクラソウが咲き乱れたらしい。江戸時代後期の本『江戸名所花暦（はなごよみ）』は、尾久の原（荒川区）、『東都歳事記（とうとさいじき）』は戸田の原（戸田市）などを名所として挙げている。当時既に植木屋では園芸種を栽培して売っていたが、自然の花を愛でる方が情趣に富んでいたようだ。訪れた人は一面の朱（あけ）に染む原を眺め、白魚（しらうお）を網ですくい、「桜草の赤きに白魚を添て紅白の土産（そえ）」にしたという。

　現在、荒川流域では、浮間ヶ原（うきまがはら）（北区）などで栽培の取り組みを行っている。しかし、自生地は田島ケ原のほかは、ほぼ消滅。自生とはいえ、サクラソウはアシなど丈の高い植物を刈り取る、焼き払

ほかにもチョウジソウなど珍しい花が咲く

うといった人の行為により、日光を浴びて育ち、群落を作る。田島ケ原では、毎冬、草焼きを行い、サクラソウの芽吹きを助けている。

美しく麗しい武蔵野の花

　田島ケ原は武蔵野台地ではないため、「本書の範囲から外れる」と言う人がいるかもしれない。もっともな意見だが、大正時代、この地がサクラソウの自生地として天然記念物に指定された際、植物学者の三好学博士が書いた『天然紀念物調査報告』には「帝都ノ附近ニ美麗ナル武蔵野ノ一部ヲ有数ナル名勝トシテ遺サンコトヲ希望ス」とある。三好博士は天然記念物保存事業の提唱者。博士に同意し、田島ケ原は武蔵野の一部とみなしたい。

　西浦和駅前にある「サクラソウ自生地案内マップ」を見てから歩き出そう。「田島」交差点で左折して西に。鴨川（かも）のさくらそう橋を渡り、桜草公園へ。左手に広がる草原が、サクラソウの自生地だ。例年３月下旬に咲き始め、４月上旬に見ごろを迎える。見学路から外れないようにして散策を楽しもう。

JR武蔵野線に乗って荒川を渡ろう

武蔵野線は、東海道本線の鶴見駅と総武本線の西船橋駅の間の約100キロを結んでいる。南武線と並行する鶴見駅から府中本町駅までは貨物線で、臨時列車などを除き旅客を運ぶのは府中本町駅と西船橋駅の間のみ。西国分寺駅と新秋津駅間はトンネルだが、新秋津駅より北は地上に出て武蔵野を走り、車窓の眺めを楽し

JR東日本で長さベスト3に入る荒川橋梁

める。なかでも荒川を渡るときの景色は素晴らしい。荒川橋梁（きょうりょう）は1290メートルもあり、JR東日本の在来線の橋梁としては最も長く、東北新幹線や上越新幹線を加えても3位。橋を渡る時間が長いため、荒川の雄大な景観を堪能できる。とくに先頭車で前を見ていると、奥まで細かに重なるトラスの斜材が透視図法のようで、自分が消失点に向かって突き進んでいるような感覚を味わえる。北朝霞駅・西浦和駅間に乗って、体験してみよう。

〈 information 〉

 1時間

🚃 行き／JR武蔵野線「西浦和駅」
帰り／JR武蔵野線「西浦和駅」

🕐 西浦和駅（5分）田島交差点（15分）さくら草橋（10分）桜草公園の田島ケ原サクラソウ自生地（10分）さくら草橋（20分）西浦和駅

ℹ さいたま観光国際協会
TEL.048-647-8338

武蔵野あれこれ

浅間山公園の道

ムサシノキスゲの自生地として知られる浅間山は、武蔵野に、ぽつんと存在する不思議な山だ。大昔、多摩川が台地を削り残した丘なのだという。春はキンランやギンラン、夏はヤマユリの花も咲いている。

19コース
「府中の森公園と浅間山公園」

武蔵野の地形と自然

高尾山から見渡す広大な武蔵野。左奥にさいたま新都心、右奥には都庁やスカイツリー

武蔵野台地とその周辺

武蔵野を「武蔵国の野」ととらえると、東京都と埼玉県の山と丘陵を除く平野部はすべて武蔵野だ。しかし、「武蔵野台地」だとすると範囲は狭くなり、荒川の北東の大宮台地、入間川の北西の坂戸台地、多摩川の南の日野台地などは外れる。けれども、それらの地域に住んでいる人の多くは「ここは武蔵野」と思っていることだろう。なぜなら通った地元の学校で、武蔵野の風光を賛美する校歌を歌って育ったはずだから。

武蔵野という地名から思い描く範囲は、人によって異なるのだ。本書は、武蔵野台地を中心に坂戸台地、日野台地、荒川の低地も武蔵野とした。東は23区の淀橋台や本郷台まで武蔵野台地だが、「野」の面影は失われてしまっているため、練馬区や世田谷区までとした。

草原から雑木林の武蔵野に

「武蔵野は月の入るべき山もなし草より出でて草にこそ入れ」という俗謡がある。古代や中世の武蔵野は焼畑をおこなっていたから草原が広がっていたのだという。その風景は江戸時代になると、新田開発により農地や雑木林に変わる。『江戸名所図会』には国分寺村（現・国分寺市）で炭焼きをしている絵が載っている。村人は農閑期に炭を焼いて売るため、コナラやクヌギを植林した。さらに防風のた

めの屋敷林としてケヤキを植え、玉川上水の岸には堤の補強や水の浄化のため桜を植えた。

玉川上水は羽村の堰（せき）で取り込んだ多摩川の水を江戸の町まで自然流下で送る。武蔵野台地は西から東に流れる多摩

上）杉並区の善福寺公園の池にいたカワセミ
下）野川沿いの田わきの水路でホタルを観賞

川の扇状地で南北の端に比べて中央部が盛り上がっている。玉川上水はその高い部分に造られている。そのため黒目川など玉川上水よりも北の川は荒川に注ぎ、野川など南の川は多摩川に注ぐ。

ホタルやカワセミも生息

現代の武蔵野は住宅で埋め尽くされた感がある。しかし、歩いてみると、あちこちに緑地や水辺がある。「はけ」と呼ぶ河岸段丘の崖には、湧き水のせせらぎまで残っている。

ホタルとカワセミは、水辺の自然度のバロメーターとしてよく取り上げられる生き物。武蔵野ではホタルは多くはないが、夏の夜、野川のほとりなどで見ることができる。カワセミは、三宝寺池（さんぽうじ）や柳瀬川など、意外に多くの池や川で見かける。武蔵野の自然は、大都市東京の郊外の割には豊かといえそうだ。

散歩でたどる武蔵野の歴史

江戸時代以降、用水路の開削と
新田開発で豊かな農村に

　縄文時代の武蔵野は狩猟採集生活に
適し、下野谷遺跡（西東京市）、水子貝
塚遺跡（富士見市）などの集落があっ
た。しかし、弥生時代になると、台地は
水が乏しく稲作に向かないためか、人は
あまり住んでいなかった。

　古墳時代には多摩川の下流域に亀甲
山古墳、宝萊山古墳、野毛大塚古墳など
の大きな古墳が造られた。

　奈良時代には、武蔵国の国府が置か
れ、武蔵国分寺と国分尼寺が建立され
た。平安時代の武蔵野は、奥州に向かう
武将が立ち寄った伝承が多い。源義家は
大國魂神社に戦勝を祈願してケヤキの苗
木を奉納、源頼朝は善福寺公園の付近
に井戸を掘ったという。

　鎌倉幕府を倒すため進軍する新田義
貞は、武蔵野を北から南に縦断。久米川
（東村山市）や分倍河原（府中市）で幕
府軍と戦った。

　戦国時代が近くなると、石神井城（練
馬区）、河越城（川越市）、難波田城（富
士見市）などの城が築かれる。石神井城
の豊島氏は太田道灌に、難波田氏は小田
原の北条氏康に敗れた。

　江戸時代は、玉川上水の開削が大き
な出来事。野火止用水などの分水も開削

史跡武蔵国分寺跡の七重塔跡。塔の高さは約
60メートルもあったと推定されている

府中市郷土の
森博物館に立
つ武蔵野新田
の世話役、川
崎平右衛門定
孝の像

され、新田開発が盛んに行われて80を
超える村が新たにできた。新田といって
も水田は少なく、畑作が主で、粟、稗な
どの雑穀や芋を栽培した。

　明治維新後も武蔵野は農村地帯だっ
たが、明治後期から昭和初期にかけて
所沢、立川、調布などに軍の飛行場が
できる。太平洋戦争中、武蔵野にあっ
た軍需工場は激しい空襲にあった。

　戦後、飛行場や基地は、米軍が接収。
一部は返還されて公園になったため、
武蔵野には、所沢航空記念公園、昭和
記念公園、狭山稲荷山公園など、広い
公園が点在している。

時代	西暦・年号	できごと	関連コース
縄文		前期に水子貝塚、中期に下野谷遺跡のような環状集落があった。	03（P 27）・38（P 136）
弥生		武蔵野台地は稲作に向かないため、遺跡は少ない。	
古墳		多摩川下流の田園調布や野毛に大規模な古墳や古墳群ができた。	08（P 42）・09（P 45）
飛鳥	7世紀後半	勝呂廃寺（坂戸市）が建立される。	37（P 133）
奈良	初期	多摩郡に武蔵国府を置く。府中市に国府跡の遺跡がある。	17（P 71）
	741（天平13）	聖武天皇により、武蔵国分寺と国分尼寺建立の詔が発せられる。	26（P 98）
	771（宝亀2）	武蔵国は東山道から東海道に移り、東山道武蔵路が官道でなくなる。	26（P 98）
	後期	『万葉集』に武蔵野や多摩川を詠んだ歌が収録される。	16（P 68）
平安	前期	武蔵野や三芳野の里（川越市）が『伊勢物語』の舞台になる。	36（P 130）
	後期	源義家が馬場大門のケヤキ並木（府中市）の苗木を寄進した伝承。	17（P 71）
鎌倉	初期	源頼朝が善福寺池（杉並区）の付近で遅の井を掘った伝承。	04（P 30）
	1333（元弘3）	新田義貞が、分倍河原の合戦で鎌倉幕府軍に勝利する。	17（P 71）
室町	1457（長禄元）	太田道真と道灌の父子が、河越（川越）城を築く。	35（P 127）
戦国	1477（文明9）	石神井城主の豊島氏が、太田道灌に敗れる。	02（P 24）
	1546（天文15）	難波田城主の難波田氏が、北条康氏に敗れる。	38（P 136）
江戸	初期	徳川家康の命により神田上水が整備される。	11（P 52）
	1633（寛永10）	3代将軍・徳川家光が幕府鷹場の外側地域を御三家の鷹場にする。	26（P 98）
	1653（承応2）	玉川上水が開削される。	25（P 95）
	1655（承応4）	野火止用水が開削される。	32（P 118）
	中期	8代将軍・徳川吉宗による享保の改革で、武蔵野新田82村を開拓。	
	後期	玉川上水沿いの桜並木が、花見の名所になる。	21（P 83）
		川越産サツマイモの焼き芋が、江戸の町で評判になる。	35（P 127）
明治	1872（明治5）	田子山富士塚（志木市）が築かれる。	39（P 139）
	1893（明治26）	川越大火。防火のため、家並みの再建を蔵造りでおこなう。	35（P 127）
	1898（明治31）	国木田独歩が『武蔵野』を発表（原題は『今の武蔵野』）。	21（P 83）
	1907（明治40）	徳冨蘆花が千歳村粕谷（世田谷区）に転居（現・蘆花恒春園）。	06（P 36）
	1911（明治44）	日本で最初の公式飛行場として、所沢飛行場が開設。	31（P 114）
大正	1920（大正9）	田島ケ原のサクラソウ自生地が国の天然記念物に指定される。	40（P 142）
	1923（大正12）	田園都市構想に基づく住宅地、田園調布の分譲開始。	09（P 45）
		関東大震災の復興のため、多摩川で砂利の採取が盛んになる。	18（P 74）
	1924（大正13）	東京天文台（現・国立天文台）が麻布から三鷹に移転。	13（P 59）
	1926（大正15）	学園都市構想に基づく、国立大学町（国立市）の分譲開始。	27（P 101）
昭和	1927（昭和2）	村山貯水池（多摩湖）が完成。	24（P 92）
	1934（昭和9）	山口貯水池（狭山湖）が完成。	33（P 121）
	1944（昭和19）	米軍により中島飛行機武蔵製作所などが激しい空襲にあう。	12（P 56）
	1945（昭和20）	敗戦により米軍の立川基地、横田基地（福生市）などができる。	28（P 104）
	1952（昭和27）	田島ケ原のサクラソウ自生地が国の特別天然記念物に指定される。	40（P 142）
	1961（昭和36）	神代植物公園が開園。	14（P 62）
	1978（昭和53）	米軍所沢基地（元所沢飛行場）跡地に所沢航空記念公園が開園。	31（P 114）
	1983（昭和58）	米軍立川基地跡に国営の昭和記念公園が開園。	28（P 104）

武蔵野散歩が楽しくなる本

古歌に詠まれ、歌物語に描かれた

　読書好きの人は、武蔵野が舞台の本を読んでから出かけると、散策をより楽しめるはず。古典文学は、『万葉集』『伊勢物語』『太平記』がおすすめ。通読する必要はなく、武蔵野が出てくる部分だけを読んでおけば大丈夫。

　『万葉集』では巻14東歌の武蔵国の歌9首。そのうち2首に「うけら」の花が出てくる。オケラの古名で秋に咲く地味な花だが、古代の武蔵野の風物を代表していたようだ。武蔵国の歌の最初の「多摩川にさらす手作りさらさらになにそこの児のここだかなしき」、巻20防人歌「赤駒を山野に放し捕りかにて多摩の横山徒歩ゆか遣らむ」も読んでおきたい。前の歌は狛江市に歌碑があり、後の歌は深大寺門前の店が郷土の民芸品として、わら細工の赤駒を売っている。

　歌物語の『伊勢物語』では「東下り」のあとの段をいくつか読もう。「たのむの雁」の段の舞台、三芳野の里は川越のあたりという。「盗人」の段の「武蔵野は今日はな焼きそ若草のつまもこもれりわれもこもれり」の歌は、焼畑や野焼きを踏まえているという。現在、野焼きを見ることはないが、田島ケ原で冬に行う草焼きは、野焼きの光景を想像させる。

　古典に登場する武蔵野の植物では『古今和歌集』の「紫のひともとゆゑに武蔵野の草はみながらあはれとぞ見る」も有名。根を紫色の染料にしたムラサキは、夏に小さな白い花が咲くが、今ではほとんど見ることができない。

　軍記物語の『太平記』は、鎌倉幕府打倒の兵を挙げた武将、新田義貞が、入間川を越えて武蔵野を縦断し、小手指ケ原、久米川、分倍河原と戦っていく様子が描かれている。

　「されば四方八百里に余れる武蔵野に、人馬とも充満して、身を峙つるに処なし。

東京都薬用植物園で5月に咲いていたムラサキの花（左）、9月に咲いていたオケラの花（右）

左）田島ケ原には、すすき茂る原野だった昔の武蔵野の面影がある気がする
右）国木田独歩のように木もれ日が降り注ぐ雑木林で、耳をすましてみよう

（略）草の原より出づる月は、馬鞍の上にほのめき、宵の袖に傾けり。小花が末をわたる風は、旌旗の影をひらめかし、幌の手鎮まる事ぞなき」といった躍動感あふれる文章が続く。ちなみに、四方八百里は武蔵野の広さの誇張表現。小花は尾花で、すすきのこと。

『武蔵野』と『武蔵野夫人』

近代文学で読むべきは、国木田独歩が明治に発表した『武蔵野』。それまで松や桜の風景を美としてきた日本人の感性に「雑木林」という新たな対象を加えた画期的な作品。武蔵野の散歩者にとっては、今も必読書だ。

独歩は足にまかせて武蔵野を歩き、林に座し、木もれ日を眺め、聴こえてくる音に耳を傾け、黙想するといった行動を繰り返し、同書を書いた。私たちも独歩の行いを真似してみよう。さらに新しい発見があるかもしれない。

昭和の作家では、大岡昇平の『武蔵野夫人』を読んでおきたい。恋愛心理小説だが、武蔵野の地形や自然の描写に優れている。はけに住む主人公たちが、野川の源流を探して、恋ヶ窪までさかのぼる場面は秀逸。恋ヶ窪の池に注ぐ溝で野菜を洗っている農婦にたずね、「この溝の水はやはり玉川上水から引いたものだそうだから、要するに野川の源は多摩川の源と同じだ」と結論付ける主人公の言葉は、あながち間違いではない。恋ヶ窪村分水は、玉川上水の分水路の一つだ。

あまり読む人はいないのだが、昭和初期、高浜虚子が主宰して俳人たちが、毎月、感興のおもむくまま、小金井、三宝寺池、立川などに出かけた吟行の記録『武蔵野探勝』は、何度読んでも心ひかれる。各回の筆者は、水原秋桜子、山口青邨、中村草田男といったそうそうたる俳人。取り上げられている養蚕農家や野焼きといった風物も興味深い。さらには互いの行動をからかったり、ほめたりする描写が、一緒に行動している気にさせてくれる。俳句が好きな人もそうでない人も図書館で借りて読んでみることをすすめる。

武蔵野の湧き水のある寺社めぐり

散歩の途中に寺や神社があれば、立ち寄ってみよう。静かな境内は心が落ち着き、清々しい気分になる。それは仏縁や神徳のなせるわざかもしれない。文化財の説明板を読めば、歴史の知識が増える。花や樹木の美しい寺社も多い。境内や周辺で、こんこんと水の湧くパワースポットのような泉にめぐり合うこともある。大地から流れ出た水は小川になり、武蔵野を潤す。澄んだ水を見つめていると、心が洗われるようだ。

等々力不動尊と不動の瀧
世田谷区 コース 8

等々力不動尊の境内から等々力渓谷に下りると、不動の瀧がある。小さな渓谷だが、都会で水と緑の散歩を楽しめる貴重な散策路。

不動堂から渓谷に下りると不動の瀧がある

泉龍寺の弁財天池
狛江市 コース 16

山門わきの池は『江戸名所図会』に「いかなる旱魃にも枯るることなく」とある。「寺号もこの霊泉によつて名付く」とも記されている。

狛江市和泉の地名もまた、この池に由来する

門前のお掃除小僧

寺の門前に、ほうきを抱えた小坊主の石像が立っていることがある。地蔵と称しているものもあるが、「お掃除小僧」と呼ばれることが多い。由来の一説は、釈迦の弟子の半託迦（周梨槃特、チューダパンタカ）という人がモデル。半託迦は記憶力が悪く、仏の教えを覚えることができなかったが、毎日、掃除を続けて塵や汚れを除く修行したところ、心の汚れを落とすべきと悟り、十六羅漢の一人になった。「心の内をきれいにする」ということか。

富士見市、水子貝塚公園前の大應寺のお掃除小僧には、いわれの説明板が立っている

奉納された神馬の像

神社に絵馬を架ける行為は、昔、本物の馬を神の乗り物として奉納した名残だ。現代では神馬のいる神社は珍しいが、伊勢神宮をはじめ全国に数社ある。馬の奉納を祭として継承しているところもある。木製の神馬や馬の銅像は、狭山丘陵の金乗院、洗足

北野天神社のわら製の神馬。木像や銅像に比べて、顔立ちや体つきに優しい印象を受ける

池の千束八幡神社など、武蔵野の寺社でも見かける。所沢市の北野天神社の境内には、わらで作った大きな神馬が奉納されている。リアルさと優美さを兼ね備えた姿は、一見の価値がある。

貫井神社の湧き水
小金井市 コース20

小金井市の貫井神社は、国分寺崖線に位置し、北に「はけ」の林を背負い、南を野川が流れる。境内に湧いた水は大きな池をなす。

「飲料水として適しません」の立て札がある

南沢氷川神社
東久留米市 コース22

平成の名水百選に選ばれた「落合川と南沢湧水群」のそばに鎮座する神社。氷川は出雲地方の斐伊川に通じ、水を守護する神という。

名水と緑に囲まれた境内は気持ちがいい

武蔵国分寺と真姿の池
国分寺市 コース26

武蔵国分寺から「お鷹の道遊歩道」をたどると、平安時代の美女、玉造小町の病が治り、美しい姿に戻った伝説を持つ真姿の池がある。

鳥居を入ると真姿の池、正面は「はけ」の湧水

谷保天満宮と常盤の清水
立川市 コース27

東日本最古の天満宮という谷保天満宮の社殿の裏に「常盤の清水」と呼ぶ湧水がある。今もこんこんと湧いて流れ、水田を潤している。

夏は常盤の清水の小池をアジサイが彩る

知られざる武蔵野探訪

広い公園、水辺の緑道、はけの湧水、神社や寺といったのどかな景色だけが、武蔵野ではない。かつてハンセン病患者を強制的に隔離した療養所、太平洋戦争の遺跡、米軍の基地も武蔵野の風景であり、歴史。訪ねてみると、社会を見る目が変わるかもしれない。

国立ハンセン病資料館

明治末から昭和初めにかけて、東村山市と清瀬市の接するあたりにハンセン病や結核の療養所が造られた。治療法の確立していない当時、療養所建設の土地探しは大変だったようだ。東村山市にある多磨全生園の隣には、国立ハンセン病資料館がある。展示を通して、ハンセン病と日本の社会がおこなってきた差別、隔離の歴史、患者の生活などを知ることができる。人権の尊重と過ちを正すことの大切さを学びにいこう。

多磨全生園の隣にある国立ハンセン病資料館

左）駅近くの住宅地に残っている白糸台掩体壕
右）壁に無数の弾痕がある旧日立航空機の変電所

戦争の歴史を伝える遺跡

武蔵野には太平洋戦争の惨禍を物語る遺跡もある。調布飛行場の周辺には戦闘機を空襲から守るために造った旧陸軍の掩体壕が残っている。武蔵野の森公園に2基あるほか、府中市の住宅地に史跡として、白糸台掩体壕が保存されている。
東大和市の東大和南公園には、軍用機のエンジンを製造する工場の変電所だった建物が、機銃掃射で穴だらけになった壁面のまま保存されている。「武蔵野も戦場だった」という事実を忘れないために訪れてみよう。

左）大型輸送機の機首から入って貨物室を見学　右）2023 年 5 月は 2 日間で約 19 万人が来場

横田基地の日米友好祭

米軍の横田基地は地域住民との交流を深めるため、年に一度「横田基地日米友好祭」を開催している。当日は一般の人も基地に入り、輸送機や戦闘機の展示を見ることができる。入場すると、滑走路の広大さに目を見張ることだろう。軍用機を間近で見たり、乗ったりできることにも驚く。

在日米軍基地の存在には賛否両論がある。新聞やテレビから得た情報だけで判断する前に、基地に足を運び、自分の目で見て、考えてみてはいかがだろう。

左）この年はオスプレイの飛行展示も実施された
右）鳥居型の電光掲示板に Welcome to Yokota AB, Japan の文字（AB は Air Base の略）

〈　歩いて行くには　〉

国立ハンセン病資料館
JR 武蔵野線「新秋津駅」または西武池袋線「秋津駅」より徒歩約 20 分
開館時間 9 時 30 分～ 16 時 30 分／月曜（祝日の場合は翌日）・年末年始休／入館無料／東京都東村山市青葉町 4-1-13 ／ TEL.042-396-2909

白糸台掩体壕
西武多摩川線「白糸台駅」より徒歩 6 分、または京王線「武蔵野台駅」より徒歩約 8 分
東京都府中市白糸台 2-17 ／ TEL.042-335-4393（府中市役所ふるさと文化財課）

旧日立航空機株式会社変電所
西武拝島線・多摩モノレール「玉川上水駅」より徒歩 5 分の東大和南公園内
公開日時は水曜・日曜（年末年始を除く）10 時 30 分～ 16 時／入場無料／東京都東大和市桜が丘 2-167-18 ／ TEL.042-567-4800（東大和市立郷土博物館）

横田基地日米友好祭
JR 青梅線「牛浜駅」より徒歩約 10 分
年に一度開催／入場無料／東京都福生市米軍横田基地／
米軍横田基地のホームページ内（横田基地ニュース）にて情報確認を

テーマを持って武蔵野を歩こう

目的を持たず、気の向くままに歩くのが、散歩の本来のあり方かもしれない。だが、あちこち歩いていると同じような景観や施設に出くわし、興味をそそられることがある。それをテーマにして武蔵野をめぐってみると面白いかも。例えば、古民家園やボート池は、どうだろう。

古民家園めぐり

　武蔵野は、かつて農村だった。郷土の歴史や文化を伝えるため、多くの区や市が地元の古民家を移築、復元して公開している。1棟だけのものもあれば、集落のようなところもある。

　おすすめの古民家園を挙げると、規模の大きな施設では、世田谷区の次大夫堀公園民家園、江戸東京たてもの園、昭和記念公園のこもれびの里、富士見市の難波田城公園の古民家ゾーン。

　立川市の川越道緑地古民家園は、住宅1棟と蔵があるだけだが、春の景色は素晴らしい。アンズと梅の花が咲き、竹林がそよぎ、まるで昔話の絵本の世界。

囲炉裏は茅葺屋根をいぶして保つために焚くそうだが、炭や薪が燃えていると、家屋全体が生き生きとして喜んでいるような印象を受けるから不思議だ。

次大夫堀公園民家園にある江戸時代の村名主の家

左）春の川越道緑地古民家園は、紅梅やアンズが花盛り　中）昭和記念公園のこもれびの里。長屋門を入ると農家の主屋がある　右）囲炉裏で火が燃えていると、今も住んでいる人がいるかのよう

昭和記念公園の水鳥の池のボート遊びは人気がある

公園のボート池めぐり

　湧水池の点在する武蔵野には、石神井公園、武蔵関公園、井の頭公園、善福寺公園、洗足池公園など、ボート遊びを楽しめる公園が多い。

　ボートを漕いで水の上を進む爽快感は、ちょっとほかでは得られない体験だ。スイスイと水を切って進んだり、漕ぐのをやめて漂ったりしていると、日ごろの悩みを忘れ、晴れ晴れとした気分になる。散歩の途中に乗るなら足は休ませ

ることにして、足漕ぎのサイクルボートよりも手漕ぎのローボートに乗る方がよいのでは。ボートの漕ぎ方は昔と変わらない。オールの水音も懐かしく、若かった日のことを思い出したりもする。料金は池によってまちまちだが、30分数百円で利用できるところがほとんど。一番のおすすめは、武蔵関公園の富士見池。岸の木々が周囲の住宅を隠し、アドベンチャー気分で小島を1周できる。

左）岸の緑が美しい洗足池。スワンボートも乗りたくなってしまう　中）武蔵関公園の富士見池。ボートの乗り降りは係員が手伝ってくれる　右）ボートを漕いでいる人は、みんなうれしそうないい顔をしている

快適な散歩のために

散歩に適した季節は春と秋

暖かくて日中の時間の長い春が、散歩には適している。花が咲き、鳥がさえずり、歩いて楽しい。秋は空気が澄み、景色はよいのだが、日没が早いため、午後は早目に家路につこう。強い日差しが照り付ける夏と寒さの厳しい冬は、長時間の散歩は避けた方がよいだろう。

散歩者へのアドバイス

その1　帽子を被る

散歩の服装は自由だ。しかし、靴は歩きやすいものをはき、直射日光をさえぎる帽子は被ること。荷物があるなら手提げかばんよりも小型のリュックサックを背負った方が楽だ。

その2　ゆっくり歩く

周囲を見ながら、ゆっくり歩こう。急いで歩かない方が安全なうえ、道端の草花なども目にとまる。せっかく遠くまで歩いて、何も見ない、気がつかない、感じないではつまらない。

その3　横断する前に立ち止まる

遊歩道や緑道を進んでいて道路を横断するときは、必ず立ち止まる。幅の狭い緑道は走っている車からは街路樹や生垣のように見えて、道が横切っていると認識できないことがある。交通事故にあわないようくれぐれも気を付けよう。

その4　疲れたらバスに乗る

歩いていて疲れを感じたら無理をせず、最寄りのバス停から乗車して駅に向かおう。散歩は気晴らしや健康のために気楽におこなうもの。目的地まで歩き通すために頑張る必要はない。

その5　自転車に注意しよう

自転車・歩行者専用道は、一見、安全に思えるが、スポーツタイプの自転車のスピードは速い。自転車と歩行者の通行が区分されている場合は、接触事故を防ぐために守ろう。

左）緑道が道路を横断している場所は手前で必ず立ち止まる　右）歩行者と自転車の利用区分が明確な府中市の下河原緑道

散歩のマナー

その1　花は摘まない

公園や緑地に美しい花が咲いていても摘んだり、枝を折ったりしない。

その2　ごみは持ち帰る

道や公園にごみを捨てていく行為は、地元の人たちから嫌われる。

その3　危険なことはしない

川や池の岸を歩く際は、足を滑らせて水に落ちないよう気をつけよう。

左）みんなが見て楽しむために草花はとらない　右）どれほど美しい眺めもゴミがあると台無し　下）カッパの絵が水の危険を知らせている

あとがき

　散歩好きにとってのバイブル『武蔵野』を書いた国木田独歩の作品に『忘れえぬ人々』という短編小説がある。主人公は「忘れえぬ人」とは恩愛や義理から忘れてはならない人ではなく、たいして関わりがあったわけではないのに「忘れてしまうことのできない人」だと語る。

　私にも忘れえぬ人はいる。それとともに「忘れえぬ風景」がある。いろいろと旅し、あちこち住んだためか、割とたくさんある。武蔵野にもある。三宝寺池のメタセコイアの木立、野川公園の湧き水、柳瀬川の陽光きらめく浅瀬、国立市の二つの小川が並んで用水路に注ぐおんだしなど、あげればきりがない。

　武蔵野には、絶景はない。強いて言えば、神代植物公園のバラ、昭和記念公園の原っぱ、多摩川や浅川の堤から望む雪の富士山ぐらいだろうか。総じて地味な風景だが、繰り返し訪れていると、目の前の景観が持っている自然と人の調和や歴史の深みが伝わってくる。歩きまわり、林間や水辺や草むらで休んでいると、何か豊かな体験をしているような感覚が、心の中にあふれる。

　親しむほど、よさが感じられる武蔵野の風景は、音楽にたとえるなら、派手さはないが、深い味わいがあり、聴くたびに「充実した時間だった」と心打たれるブラームスのヴァイオリンやヴィオラのソナタのようだ。武蔵野の景色は穏やかで落ち着いていて、包容力が感じられ、いつまでも眺めながら、その場にたたずんでいたくなる。

　武蔵野に生まれ育っていない私が、武蔵野の本を書くのはおこがましい気もするが、地元の人は往々にして、郷土の美しさに気が付かない。独歩は青年時代、山口県の柳井に住んだ。私の郷里と同じ白砂青松の瀬戸内で、関東とは土の色も木の種類も異なる。独歩はエトランゼだからこそ、武蔵野の風光の美に気づいたのではないだろうか。

　本書を上梓したあとも私は、武蔵野をあちこち歩き、その魅力に触れ、忘れえぬ風景を増やしてゆきたい。

重信 秀年

重信秀年（しげのぶ・ひでとし）

1961年広島市生まれ。山歩きと歴史のライター。早稲田大学卒。高校時代は山岳部、大学時代は探検部に所属。高校の国語教諭、広告の制作会社などを経てフリーライターに。著書に『多摩・奥多摩ベストハイク30コース』（東京新聞）、『おすすめ！ ソロキャンプ 関東・中部 厳選30』（同）、『奥武蔵・秩父ベストハイク30コース』（同）など。

2023年5月の昭和記念公園、花の丘は
赤いシャーレーポピーの花で燃えている
ようだった

むさしの
ベストウオーク40コース
花と水辺と歴史散歩

2024年3月31日 第1刷発行

著　者　　重信秀年
発行者　　岩岡千景
発行所　　東京新聞
　　　　　〒100-8505 東京都千代田区内幸町2-1-4
　　　　　中日新聞東京本社
　　　　　電話　[編集] 03-6910-2521
　　　　　　　　[営業] 03-6910-2527
　　　　　FAX 03-3595-4831

装丁・本文デザイン　　中村 健（MO' BETTER DESIGN）
写真撮影　　　　　　　重信秀年
写真提供　　　　　　　練馬区、平林寺
地図製作　　　　　　　永須華枝（東京新聞編集局デザイン課）

印刷・製本　　　　　　株式会社シナノ パブリッシング プレス

©Hidetoshi Shigenobu, Printed in Japan
ISBN978-4-8083-1097-4　C0075